KB203738

말씀,
그리고 사색과 결단
3

●

믿음이란 한 알의 밀알이 땅에 떨어져 죽음으로 많은 열매를 맺음과 같이
진리의 열매를 위하여 스스로 죽는 것을 뜻합니다. 눈으로 볼 수는 없으나
영원히 살아 있는 진리와 목숨을 맞바꾸는 자들을 우리는 믿는 이라고 부릅니다.
「믿음의 글들」은 평생, 혹은 가장 귀한 순간에 진리를 위하여 죽거나 죽기를 결단하는
참 믿는 이들의, 참 믿는 이들을 위한, 참 믿음의 글들입니다.

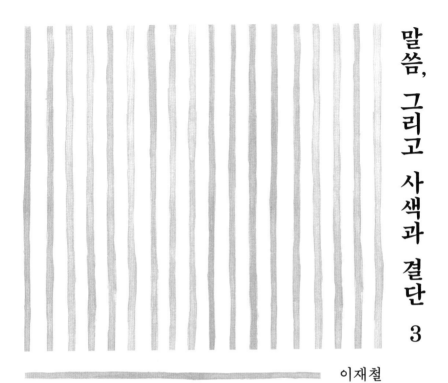

말씀, 그리고 사색과 결단 3

이재철

교회, 전통, 자녀교육에 대하여

홍성사

일러두기

_ 이 책은 2021년 11월 17일부터 19일까지 연동교회 말씀 사경회에서 전한 말씀을 엮은 것이다.
_ '머리말을 대신하여'는 본문에서 편집자가 발췌하였다.

머리말을 대신하여

한국 교회는 오래전에 쇠퇴해 간 유럽 교회의 전철을 밟고 있습니다. 그러나 정작 교회는 위기감을 느끼지 못합니다. 수많은 사람들이 교회를 떠나가는데 '10년 후에도, 20년 후에도 교회는 건재하겠지'라고 생각합니다. 교회를 이 지경으로 만든 것, 교회가 이런 위기에 직면하게 한 것, 그것은 전적으로 제 자신을 포함한 이 땅 목사들의 책임입니다. 그렇다고 이 위기에서 교인들은 자유로울 수 있는가? 그런 것도 아닙니다. 목사들이 이 위기의 공범이라면 교인들은 동조자 내지 방관자였습니다. 어떻게 할 것인가, 주님의 몸 된 교회를 이렇게 쇠퇴하게 만든 이 잘못을 어떻게 회개할 것인가는 말로는 안 됩니다. 방법은 한 가지입니다. 교회를 새롭게 하는 것입니다.

차례

머리말을 대신하여

시험을 참는 자는 복이 있나니 이는 시련을 견디어 낸 자가 주께서 자기를 사랑하는 자들에게 약속하신 생명의 면류관을 얻을 것이기 때문이라 사람이 시험을 받을 때에 내가 하나님께 시험을 받는다 하지 말지니 하나님은 악에게 시험을 받지도 아니하시고 친히 아무도 시험하지 아니하시느니라 오직 각 사람이 시험을 받는 것은 자기 욕심에 끌려 미혹됨이니 욕심이 잉태한즉 죄를 낳고 죄가 장성한즉 사망을 낳느니라 내 사랑하는 형제들아 속지 말라 온갖 좋은 은사와 온전한 선물이 다 위로부터 빛들의 아버지께로부터 내려오나니 그는 변함도 없으시고 회전하는 그림자도 없으시니라 그가 그 피조물 중에 우리로 한 첫 열매가 되게 하시려고 자기의 뜻을 따라 진리의 말씀으로 우리를 낳으셨느니라(약 1:12-18)

$$\textbf{\large 1}$$

교회가 새로워진다는 것은?

80년대 한국 교회에 요원의 불길처럼 퍼졌던, 목적으로서의 양적 성장, 교회 부흥, 교회 성장이 오늘날과 같은 교회의 세속화, 거룩성과 교회다움의 상실로 이어졌음은 주지의 사실입니다. 교회가 새로워져야 한다는 주장이 제기된 것은 어제오늘 일이 아닙니다. 교회가 새로워져야 한다고 오래전부터 사람마다 주장했습니다. 그런데 교회는 한 번도 새로워져 본 적이 없습니다. 교회가 새로워져야 한다는 당위성은 모두가 인정함에도 불구하고 현재 자기중심적인 신앙생활의 안일함에 안주해서, 교회가 새로워진다는 것이 구체적으로 무엇을 의미하는지 생각해 보지 않았거나 아니면 아예 생각해 보려 하지 않았기 때문일 것입니다.

이 아름다운 건물이 교회가 아닙니다. 교회는 건물이나 제도가 아니라 주님의 부르심을 받은 사람들의 모임입니다. 교회는 지금 이 자리에 앉아 계신 여러분들입니다. 여러분들이 하나님의 말씀과 등지고, 세상 사람들과 똑같은 방법으로 돈을 벌고 세상 사람들과 똑같은 방식으로 축재하는 것을 자랑으로 여긴다면, 그것을 복 받았다고 여기고 세상 사람들과 똑같은 방식으로 자식을 공부시키고 출세시키려 하고 십일조하고 헌금하는 것으로 좋은 교인이라고 생각한다면 교회가 새로워질 수 있겠습니까? 내가 새로워지지 않고, 십일조하고 감사헌금하고 주일 예배에 참석해서 바른 신앙생활을 한다고 생각하는 것은 하나님을 걸인으로 생각하는 것입니다.

하나님은 돈을 필요로 하지 않습니다. 온 세상이 다 하나님 것인데 왜 여러분 주머니 돈을 필요로 하시겠습니까. 정말 돈을 필요로 하는 신이라면 베이조스, 고 스티브 잡스 그런 사람만 구원하면 여러분이 내는 평생 현금보다 더 많은 돈이 되지 않겠습니까? 교회가 새로워져야 한다는 것은 여러분들의 교회 밖 일상의 삶이 새로워져야 되는 것을 의미합니다.

교회를 떠난 40만 명

올 가을(2021년—편집자 주) 각 교단 총회가 끝났습니다. 각 총회 보고서를 종합한 기사를 보면 한국에 있는 수없이 많은 교단 가운데 여섯 개 주요 교단인 예장 통합, 예장 합동, 기독교장로회, 고신, 감리회, 기독교 성결교 교인만 세어도 지난 1년 동안 40만 명이 줄었습니다.

지난 10년 동안 그 여섯 교단에서 176만 명의 교인이 감소되었는데 작년 한 해 동안만 40만 명이 줄었습니다. 작년 2, 3월부터 코로나19로 인해서 온라인 예배를 드리지 않았습니까. 많은 분들이 예배당에 나와서 예배드리지 못했습니다. 예배당에 출석하지 않는 사람이 40만 명이 줄었다는 얘기가 아닙니다. 아예 교회를 떠나버린 사람이 40만 명입니다. 여러분, 10년, 20년 후에 과연 대한민국에 기독교가 존재하겠습니까? 존재한다면 어떤 모양이겠습니까?

약 10년 전에 영국 요크에서 영국 성공회 총회가 열렸습니다. 그해 교인들의 나이를 따지니까 평균 연령이 60세가 넘었습니다. 교인들 연령이 평균 60세가 넘었다는 건 무슨 얘기입니까? 20년 지나면 물리적으로 영국 성공회는 이 지구상에서 없어진다는 말입니다. 그래서 어떻게 해서든지 교인 수를 늘리는 것에 최선을 다한다고 총회적으로 결의했지만 지난 근 10년 동안 영국 성공회 교인은 더 줄었습니다.

한국 교회는 오래전에 쇠퇴해 간 유럽 교회의 전철을 밟고 있습니다. 그러나 정작 교회는 위기감을 느끼지 못합니다. 수많은 사람들이 교회를 떠나가는데 '10년 후에도, 20년 후에도 교회는 건재하겠지'라고 생각합니다. 교회를 이 지경으로 만든 것, 교회가 이런 위기에 직면하게 한 것, 그것은 전적으로 제 자신을 포함한 이 땅 목사들의 책임입니다. 그렇다고 이 위기에서 교인들은 자유로울 수 있는가? 그런 것도 아닙니다. 목사들이 이 위기의 공범이라면 교인들은 동조자 내지 방관자였습니다. 어떻게 할 것인가, 주님의 몸 된 교회를 이렇게 쇠퇴하게 만든 이 잘못을 어떻게 회개할 것인가는 말로는 안 됩니다. 방법은 한 가지입니다. 교회를 새롭게 하는 것입니다.

그렇다면 교회를 새롭게 한다는 것은 구체적으로 어떻게 한다는 것입니까? 무엇보다도 먼저 광야 교회가 되는 것입니다. 이스라엘 백성들은 이 땅에 메시아께서 강림하시기를 열망했습니다. 그런데 메시아가 이 땅에 강림하실 것을 알고 그 길을 예비했던 사람들은 예루살렘에서 하나님의 말씀으로 밥 벌어 먹고, 부귀영화를 누리고, 온갖 종교 권력을 누리던 대제사장들, 제사장들, 서기관들, 율법사들이 아니었습니다. 세상에서 권력을 잡고 있던 사람들도 아니었습니다. 아무것도 가진 것 없는 세례자 요한이었습니다. 하나님 말씀으로 밥 먹고 살아가는 대제사장을 포함한 제사장들도, 율법사들도, 서기관들도 모르는데 어떻게 세례자 요한 단 한 사람은 알고 있었습니까?

누가복음 3장 1절에서 2절 말씀입니다.

—— 디베료 황제가 통치한 지 열다섯 해 곧 본디오 빌라도가 유대의 총독으로, 헤롯이 갈릴리의 분봉 왕으로, 그 동생 빌립이 이두래와 드라고닛 지방의 분봉 왕으로, 루사니아가 아빌레네의 분봉 왕으로, 안나스와 가야바가 대제사장으로 있을 때에 하나님의 말씀이 빈 들에서 사가랴의 아들 요한에게 임한지라

이 짧은 본문 속에 여덟 명이 등장합니다. 대로마 제국 황제 디베료, 유다 총독 본디오 빌라도, 분봉 왕 헤롯 안티파스, 헤롯 빌립, 루사니아, 대제사장 안나스와 가야바 그리고 세례자 요한입니다. 세례자 요한 한 사람을 제외하면 나머지 일곱은 그 시대 혹은 자기가 통치하는 지역의 제1인자들입니다. 그 시대에, 그 지역에서 그들과 감히 견줄 수 있는 사람은 아무도 없었습니다. 그들에 비하면 세례자 요한은 걸인과 같았습니다. 집도 없었습니다. 요즘 말로 저금통장도 없었습니다. 변변한 옷도 없었습니다. 낙타 털옷에 가죽 띠를 띠고 살았습니다. 제대로 먹지도 못했습니다. 황제나 총독이나 분봉 왕이나 대제사장들이 보면 그냥 거지입니다. 그러나 하나님의 말씀은 그 사람에게 임했습니다. '메시아가 오신다. 길을 예비하라.' 왜 요한에게 임했겠습니까? 왜 대제사장에게, 왜 황제에게 임하지 않았습니까?

로마 황제는 그 거대한 로마 제국의 삼권을 장악한 사람입니다. 로마 제국에서 가장 웅장한 황궁에서 사는 사람입니다. 유다 총독 본디오 빌라도는 유다 지방에서 철옹성 같은 총독 관저에 삽니다. 분봉 왕들. 자기 통치 지역에서 그들의 왕궁보다 더 큰 집에서 사는 사람은 아무도 없습니다. 대제사장 안나스와 가야바. 그들이 얼마나 엄청난 대관저에서 살았는가 하면 마태복음 26장에서 예수님을 붙잡아다가 대제사장 집 마당에서 재판할 때 예루살렘 사람들이 그 집 마당에 모일 정도로 마당이 넓었습니다. 그 정도로 대관저입니다. 이 일곱 사람들이 집만 큽니까.
호화 가구, 금은보화가 가득하지 않았겠습니까. 총독도, 분봉왕
도, 대제사장 안나스와 가야바도 거대한 대저택에서 주지육림에
빠져 사느라 마음이 세상으로 가득 차 있었습니다. 그들의 마음
속에는 하나님의 말씀 한 구절이 들어갈 틈이 없었습니다.

에레모스, 광야

세례자 요한은 어디 있었습니까? 빈 들에 있었습니다.

—— **하나님의 말씀이 빈 들에서 사가랴의 아들 요한에게 임한지라**

세례자 요한은 빈 들에서 살았습니다. 아무것도 없이 비어
있는 빈 들을 자기 숙소로 삼았습니다. 무슨 말입니까? 마음이
비어 있었습니다. 마음이 텅 비어 있으니까 빈 들에서 살았습니
다. '빈 들'이라고 번역된 헬라어 '에레모스'(ἔρημος)는 아무것도
없는 광야를 의미합니다. 여러분, 성지 순례하시면서 유대 광야
보셨습니까? 혹시 못 보신 분들은 다음에 성지 순례하시면 꼭
가보시기를 권합니다. 광야는 아무것도 없습니다. 그래서 하나
님만 보입니다. 요한은 그런 데서 살았습니다. 당시 광야는 풀

한 포기 나지 않아서 불모지입니다. 사람이 살 수 없는 죽음의 땅과도 같은 광야에 들어가서 사는 세 부류가 있었습니다.

첫째 부류는 도망자들입니다. 큰 범죄를 저지르고 도시에 있으면 잡혀 죽으니까 광야에 숨어 사는 겁니다. 그러면 질문이 생깁니다. 그 불모지에서 어떻게 뭐 먹고 사는가? 우리나라 같은 습식 문화는 광야에 숨어서 못 삽니다. 유대인들은 건식 문화입니다. 우리처럼 쌀을 물에 담가서 밥하고, 된장국 끓이고 이러지 않습니다. 그들은 마른 빵을 먹습니다. 그런데 그들이 굽는 빵은 우리가 구할 수 있는 손바닥만 한 빵이 아니라 큰 덩어리입니다. 그것을 뜯어 먹습니다. 큰 덩어리 몇 개 짊어지고 가죽 부대에 물 담아서 광야 동굴에 숨으면 꽤 오랫동안 숨어 살 수 있는 겁니다.

광야를 찾아 들어가서 살던 두 번째 부류는 강도들입니다. 어쩔 수 없이 광야를 지나야 하는 행인들에게 강도질하는 사람들입니다. 누가복음 10장 선한 사마리아 사람 비유를 보면 어떤 사람이 예루살렘에서 여리고로 내려가다가 강도를 만납니다. 예루살렘에서 여리고로 내려가는 중간에 유대 광야가 있습니다. 그 광야에서 강도를 당한 겁니다. 바로 그런 강도들이 광야에 모여 있었습니다.

세 번째 부류는 신과 독대하기를 원하는 사람들이었습니다. 예루살렘에는 보이는 게 많습니다. 집이 많습니다. 하나님은 보이지 않습니다. 광야는 아무것도 없기에 하나님을 가까이 대면할 수 있는 환경입니다. 제가 유대 광야에 갔을 때가 40대였습니다. 만약 제가 나이 들기 전까지 한 달 동안 텐트를 치고 살 수 있는 시간적 여유가 있다면 꼭 유대 광야에 와야지 생각했습니다. 그런데 일흔이 넘도록 그런 기회가 안 왔습니다. 정말 부러운 곳입니다. 세례 요한은 그곳을 찾아간 사람입니다. 고린도후서 4장 18절입니다.

—— **우리가 주목하는 것은 보이는 것이 아니요 보이지 않는 것이니 보이는 것은 잠깐이요 보이지 않는 것은 영원함이라**

댁에 계시는 것보다 예배당에 오면 좀더 거룩하게 느껴지십니까? 이 보이는 것은 지금 쇠퇴하고 있는 것입니다. 튀르키예에서 보지 않았습니까. 2,000년 전에 그렇게 열심을 다해서 지었던 예배당들, 다 허물어진 것입니다. 건물은 영원하지 않습니다. 그리스도인들은 보이는 것 너머를 보는 사람들입니다. 영원한 그것입니다.

광야에서는 오직 하나님과 나만 있게 됩니다. 예수님께서 이 땅에 태어나셨을 때 제일 먼저 경배한 사람들이 있었습니다. 광야에서 양을 치던 목자들이었습니다. 그 목자들은 광야에서 양을 치다가 밤이 되면 모닥불을 피워놓고 하늘을 보던 사람들입니다. 그때 하늘에서 천사가 내려와서 얘기했습니다. "구주가 나셨다. 가서 경배하라." 예루살렘 대제사장들, 율법사들은 예수가 태어난 줄도 몰랐습니다. 광야의 목자들이 누구보다 먼저 알고 가서 경배했습니다.

예수님에게 제일 먼저 왕의 예물을 바쳤던 사람들이 있습니다. 누구입니까? 동방 박사들입니다. 천문학자들입니다. 별을 관측하는 사람입니다. 오늘날에도 별을 관측하는 곳은 도시에 있지 않습니다. 인적이 드문 외딴 곳에 있습니다. 옛날도 마찬가지였습니다. 지금 대도시에 비하면 도시라고 할 수도 없지만 그러나 밤이 되면 집집마다 창문으로 다 불빛이 새어나옵니다. 그런 데서는 제대로 별 관측이 안 됩니다. 그래서 그 시대 천문학자들은 광야에서 별을 관측했습니다. 사방이 깜깜한 광야 구릉에서 하늘만 쳐다보던 사람들입니다. 그들이 메시아가 태어났다는 것을 알고 그 먼 곳까지 와서 첫 예물을 바친 사람들이 되었습니다.

메시아가 태어나실 것을 알고 그 길을 예비한 사람도, 메시아가 태어나신 것을 알고 제일 먼저 찾아가서 경배한 사람도, 메시아가 태어나신 것을 알고 제일 먼저 찾아가서 예물을 바쳤던 사람들도 광야의 사람들입니다. 사도행전 7장은 그 유명한 스데반 집사의 설교 내용입니다. 그 스데반이 모세에 대해 설교하면서 이렇게 증언합니다. 사도행전 7장 37절에서 38절입니다.

── 이스라엘 자손에 대하여 하나님이 너희 형제 가운데서 나와 같은 선지자를 세우리라 하던 자가 곧 이 모세라 시내 산에서 말하던 그 천사 와 우리 조상들과 함께 광야 교회에 있었고 또 살아 있는 말씀을 받아 우리에게 주던 자가 이 사람이라

400년에 걸친 이집트 노예살이에서 모세가 해방시킨 이스라엘 백성들이 지금 광야에 살고 있습니다. 그 광야에 살고 있는 이스라엘 백성, 그 회중을 가리켜서 광야 교회라고 불렀습니다. 예배당 없습니다. 성가대 없습니다. 그런데 광야 교회라 불렀습니다. 교회는 사람이기 때문입니다. 그 이스라엘 백성들이 스스로 광야 교회였기에 그들은 하나님의 불기둥, 하나님의 구름 기둥의 인도하심을 따라서 살았습니다. 여기에 조금 더 눌러앉고 싶은데 구름 기둥이 출발하면 텐트를 거뒀습니다. 내 생각에는 한 5킬로미터만 가면 더 좋은 장소가 있을 것 같은데 구름 기둥이 멎으면 그 자리에 텐트를 쳤습니다. 그게 광야 교회 교인들입니다.

오늘날 교회는 어떻습니까. 오늘날 교회 예배당은 마치 철옹성 요새와도 같습니다. 목사도 보이고 장로도 보이고 권사도 보이고 교인들도 헤아릴 수 없이 많이 보이는데 하나님이 보이지 않습니다. 하나님이 보이는 교회가 되어야 합니다. 바꿔 말하면 여러분들 마음속에 있는 세상이 비워지고 여러분들의 마음이 광

야에 있을 때, 이 교회가 광야 교회가 되고 하나님이 새롭게 하시는 역사가 이루어지게 될 것입니다.

광야 교회의 조건

많은 사람들이 노아가 방주에 40일 있었다고 착각합니다. 그렇지 않습니다. 비가 왔던 날수가 40일입니다. 비가 40일 왔고, 그렇게 온 비가 땅에 찰랑찰랑했던 날 수만 150일입니다. 그 창일한 물이 다 말라서 지구 표면이 드러날 때까지 또 많은 날이 걸렸습니다. 창세기에 의하면 노아가 600세 되던 해 2월 10일 방주로 들어갔습니다. 그리고 방주에서 나온 날이 601세 되던 해 2월 27일입니다. 그러면 노아가 방주 속에 얼마나 있었습니까? 1년 17일 있었습니다.

사람들이 또 노아의 방주에 대해서 착각하는 것은 방주가 천국의 모형이었을 것이라는 착각입니다. 노아가 방주 속에 들어가기 전에 하나님께서 '내가 땅에 기는 모든 짐승을 방주로 보낼 테니까 너는 그 짐승이 먹을 양식도 준비하라'고 하셨습니다. 그래서 노아는 짐승들이 1년 17일 동안 먹을 양식을 다 준비해서 방주에 넣었습니다.

여러분, 창고에다가 호랑이 먹는 양식, 코끼리 먹는 양식, 고

양이 먹는 양식 다 풀어놓고 "너희들 매일 뷔페로 먹어라" 했을 리가 없지 않습니까. 노아 여덟 식구가 매일 양식을 줘야 합니다. 그 많은 짐승들이 배설하는 오물은 어떻게 합니까. 냄새는 얼마나 역겹습니까. 짐승들이 방주 속이라고 조용합니까. 짐승 한 마리가 울면 다 따라 웁니다. 여러분, 1년 17일 동안 노아의 방주는 정상적인 사람이라면 정신이 이상해질 수밖에 없는 공간이었습니다. 그 공간에서 노아는 멀쩡하게 자기 소명을 완수하고 나왔습니다. 어떻게 가능했을까요?

방주로 들어가는 문은 방주 옆에 있었습니다. 그 방주는 노아 여덟 식구가 들어감과 동시에 하나님께서 닫아걸었습니다. 노아 식구가 나올 때도 하나님이 열어 주셨습니다. 그 큰 방주에 창문이 딱 하나밖에 없었습니다. 일반적으로 창문을 만들면 집 측면에다가 만들지 않습니까. 노아 방주의 창문은 천정에 달려 있었습니다. 천정 한가운데 달려 있었기에 그 창문은 세상을 보는 창문이 아닙니다. 하나님과 대면하는 창문입니다. '내가 왜 오늘도 이 짐승들 밥 줘야 하나?' '왜 이 짐승들 오물 치워야 되나?' '왜 이 짐승들 울음소리를 듣고 이 밤도 내가 지새야 되나?' 저분이 시키셨습니다. 저분의 명령입니다. 하나님을 향한 그 창이 있었기에 하나님과 눈을 맞추면서 노아는 1년 17일을 극복하고, 이겨내고 인류의 중시조가 되었습니다.

그 방주 속에서 매일매일 하나님과 시선을 마주치는 창을 만

들어 두고 있었다는 의미에서 노아의 방주도 광야 방주였습니다. 여러분, 여러분 자신이 광야 방주가 되십시오. 광야 교회가 되십시오. 도시에 고정되어 있는 여러분의 시선을 거두어서 하늘을 보십시오. 땅을 보십시오. 머지않아 여러분들은 한 줌의 흙으로 돌아갑니다. 그 땅을 보면서 내 육체가 한 줌의 흙으로 썩어 문드러질 때 나를 영원히 살려주실 하나님, 그분을 바라보는 한 사람 한 사람이 광야 교회가 될 때 이 땅의 교회는 세상을 새롭게 하는 광야 교회가 될 것입니다.

광야 교회가 된다는 것을 조금 더 깊게 들어가서 설명하면 아웃사이더 교회가 되는 것입니다. 세례 요한은 본래 제사장 사가랴의 아들입니다. 세례 요한의 아버지 사가랴는 예루살렘에 있는 많은 제사장들 중에서도 반차를 따라서 예루살렘 성전에 들어가 직접 직무를 행할 정도로 상당한 위치에 있는 제사장이었습니다. 상당한 위치에 있는 2,000년 전 제사장들, 다 잘살았습니다.

제사장직은 세습됩니다. 요한은 가만히 있으면 아버지 제사장직 세습하는 겁니다. 그리고 평생 제사장직을 이용해서 종교 권력을 누리며 호의호식하면서 자기 종교 야망 이룰 수 있습니다. 그런데 그 요한이 예루살렘 인사이더의 자리를 버리고 스스로 예루살렘 밖 아웃사이더 광야로 갔습니다. 왜입니까? 예루살렘 안에 살고 있는 인사이더들의 논리로는 하나님과 바르게 동행할 수 없었기 때문일 것입니다.

요한이 광야에서 아웃사이더로 살면서 요단강에서 사람들에게 세례를 주지 않았습니까. 그랬더니 예루살렘 안에 살고 있는 인사이더들이 요한을 찾아왔습니다. 그들 중에는 경제적으로 부유한 사람들, 세리들, 군인들이 있었습니다. 그들은 예루살렘 인사이더의 한 축을 이루는 사람들이었습니다. 그 사람들을 향해서 요한이 이렇게 질타합니다. 누가복음 3장 7절에서 9절입니다.

—— 요한이 세례 받으러 나아오는 무리에게 이르되 독사의 자식들아 누가 너희에게 일러 장차 올 진노를 피하라 하더냐 그러므로 회개에 합당한 열매를 맺고 속으로 아브라함이 우리 조상이라 말하지 말라 내가 너희에게 이르노니 하나님이 능히 이 돌들로도 아브라함의 자손이 되게 하시리라 이미 도끼가 나무 뿌리에 놓였으니 좋은 열매 맺지 아니하는 나무마다 찍혀 불에 던져지리라

요한은 그들에게 심판의 도끼가 뿌리에 놓였다고 합니다. 지금 발등에 심판의 도끼가 놓여 있고, 너희들은 독사의 자식이라는 겁니다. 당장 회개하라는 겁니다. 여러분, 이 사람들이 예루살렘 안에 가서 살면 어떻게 됩니까. 예루살렘 성전에 들어가서 살찐 소와 기름진 양으로 좋은 예물을 바치고 제사 지내면 복 받았

다고 제사장으로부터 칭찬받는 사람들입니다. 인사이더들 사이에서는 칭찬받는 사람들인데 아웃사이더 요한이 볼 때는 하나님의 심판을 받아 마땅한 죄인들이었습니다. 아웃사이더가 볼 때 인사이더 사람들의 가면 속 실체가 보이는 것입니다. 인사이더로는 보이지 않는 겁니다.

여러분, 따지고 보면 성경에서 세상을 새롭게 한 사람들 가운데에 인사이더는 없습니다. 세상을 새롭게 한 하나님의 도구들은 전부 아웃사이더였습니다. 출애굽한 모세가 그렇습니다. 유대인들을 400년 노예살이에서 해방시켜야 되는데 나일 강에서 이집트 공주가 건져서 40년 동안 왕궁에서 살았습니다. 유대인들이 얼마나 이질감을 느끼겠습니까. 거기다가 40년 동안 미디안 광야에서 팔십 노인이 되기까지 양을 쳤습니다. 유대인 공동체로 보면 철저하게 아웃사이더였습니다. 그 아웃사이더가 출애굽을 이루었습니다.

이스라엘 역사의 지평을 새롭게 한 다윗은 어떻습니까. 예루살렘의 권세 있는 집안 아들이 아닙니다. 저 변두리 베들레헴 양치기 출신입니다. 다윗이 골리앗을 무너뜨려서 구국의 영웅이 되지 않았습니까. 그러나 그를 시기한 사울 왕의 화살을 피해서 10년 동안 광야에서 동가식서가숙했습니다. 철저한 아웃사이더였습니다.

갈멜 산에서 바알 선지자, 아세라 선지자 750명과 영적인 대결을 해서 이스라엘을 영적으로 쇄신시키고 육체의 죽음을 보지 않고 육체를 가진 채로 하늘로 올라갔던 엘리야는 길르앗 벽촌 디셉 출신의 아웃사이더입니다. 구약 성경에서 많은 이적을 베풀었던 엘리사, 그 역시 요단 계곡 농부 출신 아웃사이더입니다.

여러분, 아모스 선지자가 이렇게 외치지 않았습니까. "오직 정의를 물같이 공의를 마르지 않는 강같이 흐르게 할지어다." 우리나라 민주화 시위 때도 이 구절이 인용이 되었습니다. 이런 혁명적인 하나님의 말씀을 외친다면 예루살렘 도심 한가운데 시위 현장에 있어야 되지 않겠습니까. 그러나 이 아모스는 드로아 목자 출신의 아웃사이더입니다.

여러분, 이 세상에서 아무리 부귀영화를 누린 귀부인이라 할지라도 예수님을 태에 배고 낳은 마리아보다 더 귀할 수 있겠습니까? 예수의 어머니 마리아, 빈민촌 나사렛 아웃사이더입니다. 열두 제자 중에 인사이더가 있습니까? 전부 갈릴리 빈민촌 아웃사이더들입니다.

바울이 예수님의 부르심을 받는 순간 그는 예루살렘 안, 인사이드가 아니라 아웃사이드, 예루살렘 밖 다메섹으로 향하는 길 위에서 부르심을 받았습니다. 여러분, 우리는 길이라고 그러니까 오늘날과 같은 잘 포장된 길을 연상하기가 쉽습니다. 그런데 예루살렘에서 다메섹에 이르는 230킬로미터 길은 광야입니다. 그 광야 길 위에서 부르심을 받은 뒤로 바울은 죽을 때까지 아웃사이더로 살았습니다. 하물며 하나님의 독생자로 우리를 구원하러 오신 그리스도께서 외양간 구유에서 아웃사이더 중의 아웃사이더로 태어나셔서 갈릴리 빈민들 속에서 사시다가 왕을 참칭한 대역 죄인으로 십자가에 못 박혀 죽은 것을 생각해 본다면 아웃사이더가 아니고는 세상을 새롭게 할 수 없습니다.

왜 그렇습니까? 종교 집단이든, 세상 집단이든, 정치 집단이든 인사이더가 되었거나 인사이더가 되고 싶어서 언저리를 맴도는 사람에게는 공통점이 있습니다. 인사이더들은 자기의 기득권을 더 중요시하는 사람들입니다. 자기의 욕망이 목표로 하는 좌표를 더 중요시하는 사람들입니다. 그걸 중요시하지 않고는 인사이더가 될 수 없습니다. 그래서 권력 지향적이 됩니다. 그들은 누구보다도 종교적인 열심을 갖고 있습니다. 종교 행위의 열심입니다. 그러나 신앙심이 아닌 인사이더들이 갖는 열심, 헌금 많이 하고 열심히 봉사하는 그 종교심은 하나님을 달래고 얼러서 내가 원하는 목표를 이루기 위함입니다. 그래서 종교심은 종종 미신입니다.

그렇기 때문에 인사이더들은 세상을 새롭게 하지 못합니다. 그들은 그들의 이해관계를 따져 확장시킵니다. 그러니 그들의 이해관계를 확장시키면 확장시키는 만큼 세상은 오염됩니다. 그래서 하나님께서 아웃사이더를 쓰십니다. 인사이더가 될 수 있는 역량을 충분히 가지고 있음에도 자발적으로 아웃사이더로 사는 사람들은 신앙심 때문에 그렇습니다. 신앙심이라고 하는 것은 나의 것을 이루기 위해서 나를 강화하는 것이 아닙니다. 하나님 앞에서 나를 철저하게 포기하는 아웃사이더들 눈에 인사이더의 위선과 이율배반과 모순이 보이는 것입니다. 그래서 아웃사이더들이 세상을 새롭게 하는 것입니다.

여러분, 지금까지 그리스도인이면서 인사이더가 되기 위해서 애쓰셨습니까? 오늘 이 시간부터 요한처럼, 엘리야처럼, 엘리사처럼, 바울처럼, 예수님처럼 아웃사이더가 되십시다. 그때 자신을 먼저 새롭게 할 수 있습니다. 자신을 먼저 새롭게 할 때, 세상을 새롭게 하는 주님의 오른팔, 왼팔이 되는 것입니다.

회전하는 그림자

광야 교회가 되고 아웃사이더 교회가 된다는 것은 그림자 없는 교회가 되는 것입니다. 예수님의 동생 야고보 선지자는 2,000년 전 초대 교회 지도자였습니다. 그 야고보 선지자가 오늘 본문 야고보서 1장 12-18절을 통해서 하나님이 어떤 분이신지, 하나님이 왜 우리를 당신의 자녀로 구원해 주셨는지 명쾌하게 설명해 줍니다. 본문 12절을 한번 보십시오.

—— 시험을 참는 자는 복이 있나니

여기에서 '시험'이라는 단어는 헬라어 동사로 '페이라조' (πειράω)이고, 명사로는 '페이라스모스'(πριρασμός)입니다. 영어 성경, 프랑스어 성경, 독일어 성경은 이 단어를 상황에 따라서 각기 다르게 번역합니다. 그런데 우리말 성경은 이 '페이라조'라는 단어를 일률적으로 '시험'이라고만 번역해서 성경의 원뜻을 혼동하게 만듭니다.

이 헬라어 동사 '페이라조', 명사 '페이라스모스'는 그 주체가 누구냐에 따라서 뜻이 달라집니다. 페이라조의 주체가 하나님이 되시면 '훈련하다'라는 뜻입니다. 하나님께서 인간을 페이라조 하실 때는 언제든지 인간을 훈련시키는 겁니다. 인간을 훈련시켜서 강인한 당신의 자녀로 이 세상에 견고하게 세워주기를 원하시기 때문입니다. 그런데 이 동사의 주체가 사탄이 되면 '유혹하다'가 됩니다. 사탄은 언제나 우리를 유혹해서 쓰러뜨리기 원하기 때문입니다.

12절 처음에 나오는 "시험을 참는 자는 복이 있나니"에서 시험은 하나님이 우리를 훈련시키는 것입니다. '하나님의 훈련을 참는 자는 복이 있나니'입니다. 왜 복이 있습니까? 시련을 견디어 낸 자가 주께서 자기를 사랑하는 자들에게 약속하신 생명의 면류관을 얻을 것이기 때문입니다. 왜 하나님의 훈련을 거친 사람이 하나님께서 약속하신 생명의 면류관을 얻을 수 있습니까? 하나님의 훈련을 거친 사람만 어떤 상황 속에서도 하나님과 동행할 수 있기 때문입니다. 13절입니다.

—— 사람이 시험을 받을 때에 내가 하나님께 시험을 받는다 하지 말지니

여기서 시험은 유혹입니다. 주체가 사탄입니다. 사탄의 유혹을 받으면서도 '하나님께서 왜 나를 유혹의 자리로 인도하시지?'라고 말하지 말라는 말입니다. 왜입니까? 하나님은 악에게 유혹을 받지도 아니하시고 친히 아무도 유혹하시지 않기 때문입니다. 사탄의 유혹이 아무리 강해도 하나님을 유혹할 수 없습니다. 하나님은 어떤 경우에도 인간을 유혹하시지 않습니다. 그러므로 유혹을 받아 놓고 '하나님께서 왜 이렇게 하시나' 하지 말라는 말입니다.

—— 오직 각 사람이 유혹을 받는 것은 자기 욕심에 끌려 미혹됨이니

욕심이 문제인 겁니다. 내 속에 욕심이 있을 때 어떤 면에서는 두 손 벌리고 사탄이 유혹해 주기를 고대하는 것입니다.

—— 욕심이 잉태한즉 죄를 낳고 죄가 장성한즉 사망을 낳느니라

왜입니까? 죄의 삯은 사망이기 때문입니다. 16절입니다.

—— **내 사랑하는 형제들아 속지 말라**

여러분, 성경을 읽으실 때 이런 구절이 나오면 이런 말씀을 하시는 하나님의 심정과 여러분의 마음이 닿아야 합니다. 우리가 얼마나 잘 속으면 속지 마라고 하시겠습니까. 17절입니다.

—— **온갖 좋은 은사와 온전한 선물이 다 위로부터 빛들의 아버지께로부터 내려오나니**

좋은 은사, 온전한 선물 다 동격입니다. 은사를 온전한 선물로 지금 풀어서 설명하는 겁니다. 여러분, 그리스도를 아는 은혜, 주님의 말씀을 이해하는 은사, 하나님의 말씀대로 이 혼탁한 어둠의 세계에서 살아가는 용기를 낼 수 있는 은사, 이것은 다 하나님께로부터 오는 것입니다. 우리가 사탄의 유혹을 당하면서 '내가 여기서 번 돈으로 은혜롭게 살 거야'라고 하면 거짓말이라는 겁니다. 속지 말라는 것입니다. 우리를 그리스도인답게 해주는 모든 은사, 은혜는 오직 빛들의 아버지가 내려주십니다. 아버

지는 단수입니다. 빛들은 복수입니다. 한 분 아버지께서, 하나님께서 필요할 때마다 우리에게 수많은 빛을 내려주십니다.

—— 그는 변함도 없으시고 회전하는 그림자도 없으시니라

하나님은 변함이 없으십니다. 영원하십니다. 중요한 것은 그분은 회전하는 그림자가 없으십니다. 돌아서셔도 그림자가 안 보입니다. 만약에 제가 길을 가다가 여러분하고 일대일로 만나서 "반갑습니다" 하고 얘기할 때 서로 얼굴만 보입니다. 그런데 이야기를 다 끝내고 헤어집니다. 돌아서서 그분이 쭉 걸어가는 걸 보면 그분 그림자가 보입니다. 어느 방향이든지 그림자가 있습니다. 왜입니까? 인간은 불투명한 육체를 가졌기 때문입니다. 하나님께서는 돌아서셔도 그림자가 없다는 것입니다. 왜입니까? 하나님은 영이십니다. 그림자 없는 하나님을 우리가 믿습니다. 그분을 내 주인으로 모시는 교회로 우리가 살아갑니다. 그림자 없는 교회가 되어야 합니다. 교회는 그림자가 있으면 안 됩니다.

—— 그가 그 피조물 중에 우리로 한 첫 열매가 되게 하시려고 자기의 뜻을 따라 진리의 말씀으로 우리를 낳으셨느니라

우리를 당신의 첫 열매가 되게 하시려고 당신의 뜻을 따르시되 '육체로' 우리를 만드신 게 아닙니다. '진리의 말씀으로' 우리를 낳으셨습니다. 진리도 그림자가 없습니다. 그림자 없는 하나님의 첫 열매로, 우리가 진리의 말씀으로 낳아진 하나님의 자녀로 살아가기 위해서는 일평생 그림자 없는 투명한 삶을 살아야 합니다.

지금 로마 가톨릭 교황은 프란치스코 교황입니다. 그분은 본래 아르헨티나 주교였습니다. 교황으로 선출되고 나서 아르헨티나에서 기자들과 인터뷰한 내용 중에 한 구절을 제가 기억하고 있습니다. 교황이 되시면 앞으로 어떤 계획이 있느냐고 기자들이 물었을 때 바티칸 은행을 없애겠다고 했습니다.

제가 늘 궁금한 게 그것이었습니다. 바티칸 은행은 온갖 검은 비자금이 모여 있어서 세계 금융질서를 교란시키는 은행으로 문제시되던 곳입니다. 그런 은행을 가지고 과연 투명한, 그림자 없는 교회가 되겠습니까. 근데 교황이 그런 이야기를 하셔서 깜짝 놀랐습니다. '아, 이제 정말 가톨릭이 그림자 없는 교회가 되려나?'

여러 가지 사정이 있었겠습니다. 아직도 없애지 못했습니다. 그러나 바티칸 은행 감사를 시작해서 여러 사람이 수갑을 찼습니다. 로마 가톨릭교회가 정말 그림자 없는 투명한 교회가 되려고 하면 언젠가는 그 은행 없애야 할 겁니다. 교회가 돈을 굴리는 은행을 가지면 그림자가 생길 수밖에 없습니다.

여러분, 그리스도인의 삶은 투명한 쇼윈도여야 합니다. 예수 님께서 세례 요한의 제자들에게 그러시지 않았습니까. "와봐라. 내가 어떻게 사는지 와서 봐라." 다 보여줄 수 있어야 합니다. 그렇게 해야 그림자 없는 투명한 교회가 됩니다. 여러분, 교회는 가릴 것이 없어야 합니다. 교인들이 하나님께 바친 헌금이니까 교회가 교인들에게 재정 원장을 공개하고 단돈 1원이라도 어떻게 사용되는지 밝히는 건 당연한 의무 아니겠습니까. 그렇게 하지 않았습니다. 그래서 지금까지 많은 목사님들이 제왕처럼 살았습니다. 가려져 있기 때문입니다.

그런 불투명한 교회, 그런 그림자 짙은 교회가 어떻게 새로워지겠습니까. 당회가 회의를 하고 나서 당회록을 공개한다면, 재정 원장을 공개한다면 한국 교회가 그 두 가지만 하더라도 저는 목사들이 타락하지 않는다고 생각합니다. 목사가 타락하지 않으면 교회가 타락할 확률은 그만큼 줄어듭니다. 투명해질 것입니다. 그림자가 없어질 것입니다.

광야 교회가 된다는 것, 아웃사이더 교회가 된다는 것, 그림자 없는 교회가 된다는 것은 한마디로 말하면 욕먹는, 제 십자가를 지는 교회가 되는 것입니다. 여러분, 광야의 소리는 인간의 욕심에 왜곡되지 않은 날것 그 자체로서의 하나님 말씀입니다. 그러니까 자기 야망이나 욕망을 위해서 하나님의 말씀을 수단으로 삼는 사람들, 하나님의 말씀을 왜곡하는 사람들에게 광야의 소리는 듣기 싫은 소리입니다. 아웃사이더의 소리는 인사이더의 가면 뒤 실체를 백일하에 드러내는 소리입니다. 인사이더가 듣기 싫은 것입니다. 그림자 없는 소리는 불투명하게 살면서 짙은 그림자를 만들며 살고 있는 사람의 음흉한 속마음을 드러내는 소리입니다. 인사이더가 듣고 싶어 하겠습니까? 그러니까 욕먹지 않고서는 광야 교회도, 아웃사이더 교회도, 그림자 없는 교회도 불가능합니다.

아웃사이더의 삶

한국 교회에서 많이 인용되는 초대 교회의 특징을 증언하는 내용입니다. 사도행전 2장 43절에서 47절입니다.

——— 사람마다 두려워하는데 사도들로 말미암아 기사와 표적이 많이 나타나니 믿는 사람이 다 함께 있어 모든 물건을 서로 통용하고 또 재산과 소유를 팔아 각 사람의 필요를 따라 나눠 주며 날마다 마음을 같이 하여 성전에 모이기를 힘쓰고 집에서 떡을 떼며 기쁨과 순전한 마음으로 음식을 먹고 하나님을 찬미하며 또 온 백성에게 칭송을 받으니 주께서 구원 받는 사람을 날마다 더하게 하시니라

초대 교회는 누구도 자기 재산을 자기 것이라 하지 않고 다 내어 놓았습니다. 유무상통했습니다. 날마다 성전에 모이기를 힘썼습니다. 그리고 백성에게 칭송을 받았습니다. 이 백성은 두말할 것도 없이 유대인들입니다. 그래서 이 구절을 이야기하면서 우리도 초대 교회처럼 칭송받는 교회가 되자고 합니다. 그런데 이다음은 아무도 이야기하지 않습니다. 초대 교회 교인들이 이렇게 성전에 모이기를 힘쓰면서 유대인들로부터 칭송받던 삶은 이것이 끝이었습니다.

사도행전 3장으로 넘어가면 베드로가 성전 미문 앞에 앉아 있던 선천성 하반신 마비자를 예수 그리스도의 이름으로 일으켜 세우지 않습니까. 그 모습을 보고 많은 유대인들이 베드로에게 모여듭니다. 그때 베드로가 이렇게 설교합니다. "너희들이 못 박아 죽인 예수, 너희들이 못 박아 죽인 그 예수를 하나님이 그리스도로 다시 살리셨다."

여러분, 그 이야기를 들은 유대교의 인사이더들이 편하겠습니까? 자기들이 국사범으로 죽였는데 자기네들이 죽인 국사범이 메시아다? 용납할 수 없는 것입니다. 저들이 모이지 못하게 했습니다. 박해하기 시작했습니다. 성전에서 모이고 백성의 칭송을 받던 그들은 사도행전 7장 스데반의 순교로 촉발된 대박해로 인해 유대인의 혹독한 핍박과 모함과 모독 속에서 사방으로 흩어졌습니다. 동굴에 숨어서 예배드리거나, 집집마다 돌아가면서 비밀리에 예배드리거나, 아무도 없는 벌판에서 예배드리거나 하면서 살았습니다.

그럼에도 불구하고 그들은 욕먹는 것을 두려워하지 않았습니다. 감수했습니다. 그래서 세상을 새롭게 했습니다. 사도 바울이 유대인들로부터 칭찬을 받을 때는 교회를 핍박할 때입니다. 그는 유대교 내에서 스타였습니다. 그러나 사도 바울이 예수를 구주로 고백하면서부터 그에게 돌아간 것은 유대인들의 혹독한 핍박과 모독과 온갖 괴롭힘이었습니다.

벨릭스 총독 때에 대제사장 아나니아가 총독 관저가 있는 가이사랴까지 찾아가서 바울을 고발합니다. 자기가 직접 하지 않고 변호사 더둘로를 데리고 가서 변호사로 하여금 바울을 고발하게 합니다. 그 내용이 사도행전 24장 5절에서 9절에 기록되어 있습니다. 24장 5절입니다.

── 우리가 보니 이 사람은 전염병 같은 자라

'우리가 보니 바울이라는 이 작자 자체가 전염병이다', '이자는 반드시 제거해야 된다', '천하에 흩어진 유대인들을 다 소요하게 하는 자다'라고 합니다. 소요하게 한다는 이 헬라어 동사는 정치적으로 반발하게 한다는 겁니다. 이 바울이라는 사람이 사람들을 로마 제국에 반발하게 만든다는 겁니다.

—— 나사렛 이단의 우두머리라

어느 시대 어디에서나 이단이라고 하면 색안경을 끼고 봅니다. 이 사람 나사렛 이단 중에서 괴수라고 합니다. 6절입니다.

—— 그가 또 성전을 더럽게 하려 하므로 우리가 잡았사오니

바울은 한 번도 성전을 더럽게 하려 한 적이 없습니다. 근데 성전을 더럽게 하려고 해서 잡았다고 합니다. 8절입니다.

—— 당신이 친히 그를 심문하시면 우리가 고발하는 이 모든 일을 아실 수 있나이다

더둘로가 벨릭스 총독에게 가이드라인을 주는 겁니다. 이 가이드라인 속에서 심문하라는 겁니다. '전염병 같은 인간, 로마 제국에 반발하게 하는 인간, 이단 괴수, 성전을 더럽히는 인간'으로 당신이 심문해서 그런 죄수로 만들어 달라는 겁니다. 9절입니다.

—— 유대인들도 이에 참가하여 이 말이 옳다 주장하니라

그 자리에 모여 있던 유대인들이 더둘로가 진술을 끝내고 나

니까 '옳소, 그 말 맞습니다' 합니다.

여러분, 우리가 존경하고 그리스도인 모두가 그렇게 되기를 원하는 사도 바울은 2,000년 전에 스포트라이트 받으면서 살지 않았습니다. 박수갈채 받으면서 살지 않았습니다. 가는 곳마다 욕 들었습니다. 모함을 받았습니다. 모독당했습니다. 그러나 굴하지 않았습니다. 욕먹는 것을 당연하게 생각했습니다. 그래서 그는 세상을 새롭게 하는 사도가 되었습니다. 하물며 주님마저도 이 땅에 오셔서 욕먹지 않았습니까. 십자가 죽음의 모독과 모욕을 당하시지 않았습니까. 그 결과 세상을 새롭게 하시지 않았습니까. 욕먹지 않고 세상을 새롭게 하는 길은 없습니다.

이 관점에서 우리 교회가 과연 하나님 앞에서 칭찬을 받았는지 성찰할 때입니다. 인사이더인 내부 사람들이 칭찬을 한다면 우리 교회가 세속화된 교회와 한편이 되었다는 이야기요, 세상이 불신하는 교회의 일원이 되었다는 이야기 아닙니까. 만약에 인사이더 내에서 칭찬만 받아왔다면 한 번도 대한민국 교회를 새롭게 하려고 광야 교회, 아웃사이더 교회, 그림자 없는 교회가 되려고 시도해본 적이 없는 것은 아닌가 한번 숙고해 볼 필요가 있지 않을까 싶습니다.

오다 노부나가와 삼성

결론을 맺겠습니다. 16세기 일본에서 춘추전국 시대가 100년 동안 있었습니다. 수많은 사람들이 죽었습니다. 그 100년에 걸친 춘추전국 시대를 끝내고 오늘과 같은 통일 일본의 새로운 시대의 막을 올린 사람이 여러분들도 잘 아시는 오다 노부나가입니다. 이 사람이 열여덟 살 때 아버지가 죽었습니다. 그리고 아버지로부터 성을 물려받았습니다. 장례식장입니다. 아버지의 가신들이 장례식장에 엄숙하게 서 있습니다. 열여덟 살 된 오다 노부나가가 뚜벅뚜벅 걸어 들어가서 빈소 앞에 서더니 앞에 있는 향을 들어서 빈소를 향해 던졌습니다. 사람들이 다 무례하다고 깜짝 놀랐습니다. 그러나 오다 노부나가에게는 지난 시대까지의 발상, 사고방식, 관습, 질서를 더 이상 따르지 않겠다는 나름대로의 작별 의식이었습니다. 그래서 그는 철저하게 지연 · 혈연에 얽혀 있던 구시대 질서를 철폐하고, 출신이 어떻든 능력만 있으면 인재를 등용했습니다. 천하의 인재들이 모여들었습니다. 그래서 통일 일본의 새 시대 막을 올렸습니다. 만약 오다 노부나가가 구시대의 발상, 사고방식, 관습, 질서를 그대로 고수하려고 했던들 새 시대의 막을 올리는 선두 주자가 되지는 못했을 것입니다.

삼성그룹은 한국을 대표하는 세계적인 기업입니다. 창업주

이병철 회장의 삼성그룹과 그 아들 2대 총수 이건희 회장의 삼성그룹 사이에는 현격한 차이가 있습니다. 이병철 회장의 삼성그룹이 대한민국 1등이었다면 이건희 회장의 삼성그룹은 세계 1등이었습니다. 삼성그룹의 공과 과가 있지만 대한민국 기업이 만든 물건이 세계 시장에서 1등을 할 수 있다고 아무도 생각할 수 없을 때 세계 1등 제품을 만들어 냈습니다. 그 이후에 많은 세계 1등 제품들을 생산·유통하는 기업들이 뒤따라 나왔습니다.

국내 1등 기업이 세계 1등 기업으로 도약하는 분기점이 그 유명한 1993년 프랑크푸르트 선언입니다. 이건희 회장이 삼성그룹의 주요 임원들을 독일 프랑크푸르트로 모아놓고 신경영을 선언했습니다. 그 핵심 키워드는 잘 알려진 것처럼 마누라와 자식 빼고 다 바꾸라는 것이었습니다. 우리 아버지가 대한민국 1등 했지만 버리라는 겁니다. 대한민국 1등에 안주하는 방식으로는 세계 시장에 도전 못한다는 겁니다. 1등에 안주하던 사고방식, 발상, 관습, 질서, 마누라와 자식 빼고 다 버리라는 겁니다. 그리고 세계 1등이 되었습니다. 오다 노부나가 식으로 말하자면 1993년도 프랑크푸르트 선언은 이건희 회장이 과거를 향해서 오늘의 향을 던진 겁니다. 그리고 이건희 회장은 글로벌 삼성의 미래를 얻었습니다.

1517년도에 마르틴 루터는 비텐베르크 성당에서 95개 조문에 달하는 반박문을 발표했습니다. 당시 타락한 로마 가톨릭교회는 성경에서도 벗어나고, 교회를 왜곡시키고, 세상을 짓밟았습니다. 비텐베르크 성당에서 마르틴 루터가 거대한 요새와도 같은 로마 가톨릭교회를 향해 95개 조항의 반박문을 발표했다는 것은 로마 가톨릭교회라는 과거에 대해서 오늘의 향을 던진 것이었습니다. 그리고 마르틴 루터는 프로테스탄트 개신교라는 새로운 미래를 얻었습니다.

여러분, 버리지 않고 새것을 얻는다는 것은 거짓말입니다. 버리지 않고서는 그 무엇도 새롭게 할 수 없습니다. 여러분, 한국 교회를 세속화시키고, 하나님보다 맘몬을 더 신뢰하면서 교회의 거룩성과 교회다움을 상실하게 한, 교회의 위기에 일익을 담당해 온 사람들임을 우리가 자인한다면 그 과거를 향해서 오늘이라는 향을 과감하게 내던지십시오.

오늘 이 시점으로부터 광야 교회, 아웃사이더 교회, 그림자 없는 교회, 욕먹는 교회의 행보를 시작하십시오. 하나님께서 반드시 우리에게 새로운 미래로 응답하실 것입니다. 기도하시겠습니다.

하나님, 아버지의 새로워지기 원하는 주의 종들이 머리를 숙였습니다. 새로워지기 원했지만 새로워진다는 것이 무엇인지 알지 못했던 주의 종들이 머리를 숙였습니다. 주님, 지금부터 광야 교회가 되게 하여 주시옵소서. 지금부터 아웃사이더 교회가 되게 하

여 주시옵소서. 지금부터 그림자 없는 투명한 교회가 되게 하여
주시옵소서. 세상을 새롭게 하기 위해 욕먹는 것을 두려워하지
않는 교회가 되게 하여 주시옵소서. 그리하여 우리들의 삶 속에,
우리 교회 위에 주님께서 새로운 미래로 응답하여 주옵소서. 예
수님의 이름으로 기도드립니다. 아멘.

다윗이 이스라엘에서 뽑은 무리 삼만 명을 다시 모으고 다윗이 일
어나 자기와 함께 있는 모든 사람과 더불어 바알레유다로 가서 거
기서 하나님의 궤를 메어 오려 하니 그 궤는 그룹들 사이에 좌정하
신 만군의 여호와의 이름으로 불리는 것이라 그들이 하나님의 궤를
새 수레에 싣고 산에 있는 아비나답의 집에서 나오는데 아비나답의
아들 웃사와 아효가 그 새 수레를 모니라 그들이 산에 있는 아비나
답의 집에서 하나님의 궤를 싣고 나올 때에 아효는 궤 앞에서 가고
다윗과 이스라엘 온 족속은 잣나무로 만든 여러 가지 악기와 수금
과 비파와 소고와 양금과 제금으로 여호와 앞에서 연주하더라 그들
이 나곤의 타작 마당에 이르러서는 소들이 뛰므로 웃사가 손을 들
어 하나님의 궤를 붙들었더니 여호와 하나님이 웃사가 잘못함으로
말미암아 진노하사 그를 그 곳에서 치시니 그가 거기 하나님의 궤
곁에서 죽으니라 여호와께서 웃사를 치시므로 다윗이 분하여 그 곳
을 베레스웃사라 부르니 그 이름이 오늘까지 이르니라(삼하 6:1-8)

2

전통이란 이름의 우상은?

불교를 창시한 석가모니의 핵심 사상은 무아사상입니다. 없을 '무', 나 '아'. 나는 실재하지 않는데 마치 내가 실재하는 것처럼 착각하는 데서 생로병사의 모든 고뇌와 고통이 기인한다는 것입니다. 무아, 있는 것처럼 보이지만 나는 실재하지 않는 존재라는 것을 깨닫는 것으로부터 생로병사의 모든 고통에서 벗어날 수 있다고 석가모니는 설파했습니다. 그리고 제자들에게 자신이 죽으면 시신을 불에 태워서 없애버리라는 유언을 남겼습니다. 석가모니는 인생은 무아라는 것을 자신의 죽음을 통해서도, 자신의 시신을 통해서도 제자들의 심령에 새겨주고 싶었던 것입니다. 자기 시신을 태워 재로 만듦으로써, '봐라, 아무것도 없지' 이것을 가르쳐주고 싶었던 것입니다.

그런데 정작 석가모니가 열반에 든 후에 제자들이 유언에 따라서 시신을 화장한 뒤 무엇을 했는지 아십니까? 젓가락을 들고 재를 뒤지면서 사리를 찾았습니다. 스승은 자신의 죽음으로도, 자신의 시신으로도 '인생은 무다' 이걸 가르쳐 주기를 원했는데 제자들은 그 스승의 유언 앞에서도 유에 집착하고 있었던 것입니다. 그 이후로 2,500년이 지난 오늘날까지 스님이 죽으면 사리를 수습하는 전통은 사라지지 않았습니다. 사리가 많이 나오면 도의 경지가 깊었던 스님이라고 불자들은 존경합니다.

여러분, 스승은 무아, 인생은 무라고, 내 시체마저 태워서 없애라고 했는데 재 속에서 유, 즉 사리를 찾는 그 행위가 과연 석가모니의 가르침에 맞는 행위이겠습니까? 맞지 않습니다. 그런데도 2,500년이 지난 오늘날까지 사리 수습의 전통은 아무도 건드릴 수 없는 불교의 우상이 되어 있습니다. 만약에 오늘날 누군가가 '오늘 이 시간부터 불교에서 사리 수습 없애'라고 하면 난리 날 겁니다. 무아를 가르친 석가모니의 제자라고 하면서 시신 속에서도 유를 찾아 헤매는 그 제자들이 과연 석가모니의 참 제자가 될 수 있겠습니까.

인도 뭄바이에 있는 시바 신전 제의에 참석해 본 적이 있습니다. 제단 앞 밑바닥에 남자 생식기와 흡사한 모양의 크고 검고 긴 돌이 하나 박혀 있었습니다. 남자 생식기를 신성하게 숭배하는 힌두교인들이 그 돌에 이마를 조아리고 경건하게 숭배를 합니다. 그리고 가져온 제물인 우유와 물을 그 돌 위에다가 붓습니다. 우유와 물을 붓고 그 흘러내리는 우유나 물을 핥아서 자기 머리부터 발끝까지 정성스럽게 바릅니다. 그것으로써 자기는 정결해진 겁니다.

힌두 사원은 전부 신을 벗고 들어가야 합니다. 그 돌멩이에 예를 다해서 경배 예식을 행하던 힌두교인들 다 맨발로 들어왔습니다. 그런데 그분들이 그 돌멩이에 부은 우유, 물, 자기네들 몸에 바른 우유가 바닥에 떨어져서 맨발로 짚고 가니까 바닥이

다 먹물처럼 더러워져 있습니다. 그분들은 정결 예식을 행했다고 기분 좋게 나가는데 그분들의 발바닥은 들어올 때보다 더 더러워졌습니다.

저도 물론 신을 벗고 들어갔습니다. 어떤 형태의 제의를 행하는지 알지 못했기 때문에 구두만 벗고 양말을 벗지 않았습니다. 그 탓에 그 시커먼 우유 물에 양말이 다 젖었습니다. 밤에 호텔에 들어갈 때까지 그 역한 냄새가 사라지지 않았습니다. 비슈누 신전에 들어갔을 때도 마찬가지였습니다. 제의의 모양만 달랐을 뿐 본질은 똑같았습니다. 힌두교에는 인류 최고의 서사시라고 일컬어지는 베다경이 있습니다. 그런데 제가 갔던 그 어느 신전에서도 베다경을 낭독하거나 강독하지 않았습니다. 있다면 전통이란 이름의 우상숭배만 있었습니다.

여러분, 성경에도 이런 예가 있습니다. 이집트에서 400년 동안 노예살이하던 이스라엘 백성들은 오직 하나님의 은혜로 출애굽했습니다. 그들은 그들을 이끄는 모세를 통해서 하나님께서 베풀어주시는 대역사를 그들의 눈으로 날마다 목격했습니다. 그들은 폭 32킬로미터의 홍해, 그 넓은 폭의 홍해가 갈라지는 것을 자기들 눈으로 봤습니다. 폭이 32킬로미터라면 한남동에서 고속도로로 수원까지입니다. 아무것도 없는 광야에서 날마다 하나님이 내려주시는 만나를 먹고 살았습니다. 반석에서 강물이 터져 물을 마시게 해주신 것도 경험했습니다. 그러면 믿음이 얼마나 좋아야 하겠습니까. 그러나 그런 것을 다 목격하고도 그들은 조금만 마음에 들지 않는 환경이 전개되면 하나님을 원망했습니다.

'이집트에는 공동묘지가 없어서 우리를 이 광야에서 죽이려고 우리를 끌고 나왔는가? 차라리 이집트로 가게 해주시오.' 출애굽 38년째 되던 해였습니다. 그때는 이미 약속의 땅, 가나안 땅 목전에 닿아 있을 때였습니다. 그런데 그때부터 여정 행로가 가나안 땅으로 직진하는 것이 아니라 에돔 땅으로 둘러서 우회한다는 것 때문에 이스라엘 백성들이 또 불평하고 하나님을 원망했습니다. 38년이 지났는데도 변치 않는 겁니다.

그 패역한 인간들을 하나님께서 사마에 있는 불뱀을 모아서 물게 했습니다. 그 뱀의 독이 얼마나 독한지 물리면 온몸이 불타는 것처럼 고통스럽기 때문에 불뱀입니다. 언제나 그랬듯이 불뱀에 물려서 죽게 되었을 때 그들은 또 하나님을 불렀습니다. '하나님, 살려주십시오.' 하나님께서는 모세에게 말씀하셨습니다. '놋으로 뱀을 만들어라. 그 놋뱀을 장대 위에 높이 매달아라. 불뱀에 물려서 상황이 아무리 악화되어 있다 할지라도 그 놋뱀을 쳐다보는 사람들은 다 나을 것이다.'

여러분, 불뱀은 사막 광야 위를 기는 동물 아닙니까. 불뱀이 기어 다니는 땅만 보고 살면 홍해가 갈라지는 것을 보고도 원망투성이입니다. 하나님께서 왜 놋뱀을 만들어서 장대 위에 달라고 하셨습니까? 왜 장대 위에 있는 놋뱀을 올려다봐야 치유가 된다고 말씀하셨습니까? 땅에 있는 불뱀에 물려서 죽게 된 사람이 장대 위의 놋뱀을 보려면 고개를 들어서 하늘을 향해야 합니다. 하늘을 향하면 하나님이 보입니다.

땅에 있는 불뱀만 보면 모든 것이 원망거리이고 지금 죽을 수밖에 없는 상황입니다. 그러나 고개를 들어 하나님을 바라보면 불뱀도 생명 없는 놋뱀에 지나지 않는 것입니다. 그 믿음을 회복한 사람은 다 살았습니다. 이를테면 땅만 보고 살아가는 그 패역한 이스라엘 백성들의 영안을 열어주시기 위해서 일회용 도구로 사용하신 것이 놋뱀이었던 것입니다. 그건 일회성으로 끝난 겁니다. 그런데 이스라엘 백성들이 그걸 안 버렸습니다. 고개를 들어서 그걸 봤을 때 불뱀에 물렸던 독이 다 해독됐기 때문입니다. 그걸 들고 가나안 땅으로 들어가서 그 놋뱀 자체가 성물이 됐습니다. 사람들이 그 놋뱀 앞에 분향하고 놋뱀을 숭배했습니다. 700년 동안입니다.

누가 그 놋뱀을 없애버렸습니까? 히스기야 왕이 그 놋뱀을 파쇄하고 깨어진 조각을 이스라엘 백성들에게 보여주었습니다. '다 똑바로 봐. 이건 너희 사단이다. 이건 놋 조각에 불과한 거다.' 그리고 버렸습니다. 여러분, 700년 동안 이스라엘을 거쳐간 제사장이 얼마나 많았겠습니까. 율법사들이 얼마나 많았겠습니까. 서기관들이 얼마나 많았겠습니까. 그런데 그 생명 없는 놋뱀을 700년 동안 경배하는 것을 아무도 제지하지 않았습니다. 왜입니까? 전통이라는 이름의 우상으로 아무도 건드릴 수 없는 권위를 갖고 있었기 때문입니다.

새 수레를 끄는 암소

오늘 본문은 전통이라는 이름의 우상에 한 번 권위를 부여하기 시작하면 얼마나 막강한 권위를 인간에게 발휘하는지를 우리에게 잘 보여주고 있습니다. 사무엘상 도입부에 등장하는 대제사장 엘리는 늙고 무능한 사람이었습니다. 그래서 그의 두 아들 홉니와 비느하스가 아버지의 이름을 빙자해서 온갖 불의한 짓을 다 했습니다. 마침 이스라엘의 숙적이었던 블레셋이 이스라엘을 침공했습니다. 이스라엘도 군대를 모아서 전장에서 블레셋을 만나 전투를 벌였습니다. 첫날 전투에서 이스라엘 군 4,000명이 목숨을 잃었습니다. 부상당한 사람은 헤아릴 수조차 없었습니다. 여러분, 하루 전투에서 4,000명이 죽었다? 참패입니다. 내일 또 전투가 벌어질 텐데 이긴다는 보장이 없습니다. 또 참패하게 됐습니다. 그래서 이스라엘 지도자들이 실로에 있는 성소에 안치된 법궤를 들고 오게 했습니다.

잘 아시는 것처럼 법궤는 하나님께서 모세에게 내려주신 십

계명 돌판 둘을 넣어둔 언약궤, 증거궤입니다. 이스라엘 사람들에게 법궤는 그 자체가 하나님의 상징이었습니다. 그런데 지금 전투에서 지니까 지도자들이 그 법궤를 가져오라는 겁니다. 하나님을 경외해서가 아니라 그 법궤를 부적으로 여긴 겁니다. '저 부적만 우리 곁에 있으면 내일은 전세를 만회해서 반드시 이길 거야.'

블레셋이 침공해서 전투가 벌어질 때 대제사장 엘리의 아들 홉니와 비느하스는 전투에 참여하지 않았습니다. 왜입니까? 이길지 질지 모르기 때문입니다. 무섭기 때문입니다. 그런데 전쟁터에서 연락이 온 겁니다. 실로에 있는 법궤를 가져오라고 말입니다. 법궤만 있으면 이스라엘이 백전백승할 수 있다고 생각한 홉니와 비느하스가 법궤를 이송하는 책임자가 되어서 전쟁터로 나갔습니다. 이기는 영광은 자기네들이 받겠다는 것입니다. 홉니와 비느하스가 법궤를 이송해서 전쟁터로 가니까 온 이스라엘 군사들이 지축이 흔들릴 정도로 함성을 질렀습니다. 이제 이겼다는 겁니다.

여러분, 하나님께서 당신의 언약궤를 한낱 부적으로 여기는 그 패역한 인간들을 가만두시겠습니까. 이스라엘 백성들이 승리를 장담했던 그다음 날 전투에서 3만 명이 죽었습니다. 전날보다 더 큰 완패였습니다. 더 중요한 사실은 그 전투에서 하나님의 법궤를 탈취당한 것, 그 와중에 승리를 장담하고 법궤를 메고 전쟁터로 나갔던 엘리의 두 아들 홉니와 비느하스도 죽었다는 것입니다. 이스라엘 역사상 하나님의 법궤를 적군에게 탈취당한 최초의 수모였습니다.

그것이 얼마나 충격적인 일이었는지 전령으로부터 소식을 전해들은 엘리 대제사장은 충격으로 뒤로 넘어져서 목이 부러져 즉사했습니다. 엘리 대제사장의 아들 비느하스의 아내인 며느리는 마침 그 순간에 아이를 낳고 있었습니다. 아이를 낳다가 그 이야기를 듣고 며느리도 쇼크사했습니다.

대승을 거둔 블레셋 군이 역사상 전례 없는 법궤라는 전리품을 얻고 되돌아갔습니다. 그들은 일생일대 최고 최대의 전리품인 법궤를 아스돗으로 가져가서 그들이 경배하는 다곤 신전 신상 앞에 바쳤습니다. '다곤 신이여, 당신에게 전리품으로 바칩니다. 여호와라고 하는 신의 법궤입니다.'

이튿날 아침에 아스돗 사람들이 신전에 들어가 보고 깜짝 놀랐습니다. 다곤 신상이 법궤를 향해서 넘어져 있는 겁니다. 누구든지 우연이라고 생각하지 않겠습니까. 다곤 신상을 바로 세웠습니다. 그다음 날 아침에 신전에 들어갔더니 이번에는 다곤 신상의 목과 두 손이 잘려진 채 법궤 앞에 엎어져 있습니다. 그와 동시에 아스돗 사람들 몸에 독종이 퍼지기 시작했습니다. 이거 심상치 않다고 급히 법궤를 가드라는 곳으로 옮겼습니다. 가드 사람에게 독종이 또 퍼지기 시작합니다. '이거 봐. 한 번 더 옮겨

보자.' 에그론이라는 데로 옮겼습니다. 이번에는 에그론 사람들에게 독종이 퍼집니다.

블레셋의 지도자들이 모여서 회의를 합니다. '이거 정말 여호와라는 신이 살아서 지금 이런 일을 하나? 그렇다면 법궤를 돌려줘야 되지 않나. 안 그러고는 계속 이 재앙이 계속되지 않겠어? 그러나 우리가 얻은 이 일생일대 최고 최대의 전리품을 그냥 돌려줄 수는 없잖아. 이게 정말 여호와 신이 하는 일이라는 것을 누구도 의심하지 않고 확인할 수 있는 방법으로 보내자.' 그래서 그들이 고안해 낸 방법이 새 수레를 만드는 겁니다.

여러분, 3,000년 전 수레를 만드는 기술은 지금과 다릅니다. 수레에 베어링이 들어가지 않습니다. 윤활유를 치지 않습니다. 나무로 만드는 거니까 새 수레는 길이 들 때까지 끄는 데 훨씬 힘이 듭니다. 수레를 많이 끌어본 짐승도 새 수레는 끌기 싫어합니다. 한 번도 멍에 메어 보지 않은 젖 나는 암소가 있습니다. 지금 새끼가 있습니다. 짐승들의 새끼 보호 본능은 무섭지 않습니까. 근데 새끼가 갓 태어난, 젖이 줄줄 흐르는 암소 두 마리입니다. 한 번도 멍에를 메어보지 않은 젖이 흐르는 암소입니다. 그 수레에다가 이 법궤를 실어서 이스라엘 지경인 벧세메스로 한번 보내봅니다.

상식적으로는 안 가야 하는 겁니다. 한 번도 멍에를 메어보지 않은 수소가 새 수레를 끈다는 것도 불가능하지만 새끼가 옆에서 우는데 암소가 그 소리를 듣고 한 번도 메어보지 않은 멍에를 메고 새 수레를 끌고 간다? 이상한 암소가 있어서 한 마리는 혹 그럴 수 있을는지 모르니까 두 마리로 합니다. 두 마리가 다 그렇게 할 수는 없습니다. 인간의 상식으로는 절대 암소 두 마리가 못 갑니다. 안 가면 지금까지 재앙은 우연입니다. 법궤 그냥 갖고 있으면 됩니다. 그런데 그런 암소가 벧세메스로 곧장 수레를 끌고 가면 이건 하나님이 하시는 일입니다. 미련 없이 법궤를 보내야 됩니다.

그래서 새 수레에 법궤를 싣고, 멍에 메어 보지 않은 암소 두 마리에 멍에를 메워서 벧세메스를 향해 가게 했습니다. 이 암소 두 마리가 소리를 지르고 울면서도 똑바로 걸어갔습니다. 블레셋 사람들은 이제 깨끗하게 포기했습니다. '이제 우리 법궤는 잊자.'

행진의 주인공, 웃사

생각지도 않게 하나님의 법궤가 들어온 벧세메스 사람들은 정말 기뻐했습니다. 유대인들에게 있어서 법궤는 그야말로 하나님의 상징 아닙니까. 누구든지 법궤를 열어보면 죽는 겁니다. 유대인이니까 다 알고 있는 겁니다. 그런데 모세가 받은 두 돌판이 있는 법궤를 너무너무 보고 싶은 겁니다. 그래서 그것을 열었다가 많은 사람이 죽었습니다. 벧세메스 사람들이 대경실색했습니다. '야, 이거 우리 마을에 더 이상 두면 안 되겠다.' 그래서 기럇여아림이라는 마을로 법궤를 보냈습니다.

기럇여아림 사람들도 자기 마을에 하나님의 법궤가 온 것은 굉장히 기쁜 일입니다. 그런데 잘못해서 이 법궤 때문에 벧세메스 사람들처럼 무슨 화를 당할지 모릅니다. 그래서 마을 한가운데가 아니라 기럇여아림의 외딴 산 위에 있는 아비나답의 집에 보내서 거기 안치하게 했습니다. 아비나답은 나이가 많은 사람이었습니다. 그래서 자기 아들 엘리아살에게 그 법궤를 지키게 했습니다. 그리고 70년이 흘렀습니다. 당시 수명이 40년입니다. 그 당시 70년은 지금 70년보다 훨씬 긴 세월입니다. 여러분, 70년 동안 하나님의 법궤가 아비나답 집에 있는 겁니다. 그러면 그 집이 성소입니다. 하나님의 법궤를 아비나답 아들이 지키는 겁니다. 법궤에 관한 한 아비나답 집안의 가족들 외에 누구도 말할 수 없습니다. 그러다 보니 법궤는 곧 아비나답 사람들입니다. 그 전통이라는 우상이 70년 동안 만들어져 갔습니다.

왕이 된 다윗은 법궤가 아직까지도 아비나답이라는 사람의 집에 있다는 이야기를 듣고 자기가 있는 다윗 성에 하나님의 법궤를 모셔오고자 했습니다. 오늘 본문이 그 상황을 우리에게 보여줍니다. 사무엘하 6장 1절입니다.

—— 다윗이 이스라엘에서 뽑은 무리 삼만 명을 다시 모으고

다윗은 하나님의 법궤를 다윗 성으로 모셔오기 위한 오직 그 목적으로 3만 명을 다시 조직했습니다. 다윗의 마음이 하나님의 법궤에 얼마나 진심이었는지 알 수 있습니다. 2절을 보십시다.

—— 다윗이 일어나 자기와 함께 있는 모든 사람과 더불어 바알레유다로 가서

이 바알레유다는 기럇여아림의 옛 이름입니다. 그러니까 기럇여아림과 같은 동네입니다. 다윗은 아비나답의 집이 있는 그 기럇여아림으로 가서 하나님의 궤를 메어 오려 했습니다. 하나님의 법궤는 사람이 반드시 메고 와야 한다는 것을 다윗은 알고 있었습니다. 민수기 4장 15절 말씀입니다.

—— 진영을 떠날 때에 아론과 그의 아들들이 성소와 성소의 모든 기구 덮는 일을 마치거든 고핫 자손들이 와서 멜 것이니라 그러나 성물은 만지지 말라 그들이 죽으리라

법궤를 메는 것과 관련해서 하나님께서 두 가지 명령을 내리셨습니다. '덮개를 덮고 나면 반드시 사람이 메는데 고핫 자손이

메어야 한다.' '그 하나님의 법궤를 누구든지 임의로 만지면 그 사람은 죽는다.' 하나님께서 이렇게 공지하셨습니다. 그러니까 다윗은 그걸 알고 법궤를 메어 오려고 갔으니까 다윗이 모은 3만 명 중에 고핫 자손이 있었을 것입니다. 법궤를 메어야 할 고핫 자손을 따로 모았을 것이고, 또 제사를 드릴 때에 필요한 제사장, 율법사 모두 3만 명을 모으고 간 겁니다. 2절 다시 보십시다.

—— **다윗이 일어나 자기와 함께 있는 모든 사람과 더불어 바알레유다로 가서 거기서 하나님의 궤를 메어 오려 하니 그 궤는 그룹들 사이에 좌정하신 만군의 여호와의 이름으로 불리는 것이라**

그 궤는 단순한 나무 궤짝이 아니라 천사들 사이에 좌정하고 계시는 하나님의 이름으로 불리는 하나님의 법궤입니다. 그래서 만반의 준비를 하고 갔습니다. 3절입니다.

—— **그들이 하나님의 궤를 새 수레에 싣고 산에 있는 아비나답의 집에서 나오는데**

'그들이'는 바로 연결되어 나오는 아비나답의 아들 웃사와 아효, 이 두 사람입니다.

―― 아비나답의 아들 웃사와 아효가 그 새 수레를 모니라

　그러니까 70년 전에 하나님의 법궤가 아비나답 집에 들어갔
을 때 아비나답이 늙어서 자기 아들 엘리아살에게 법궤를 지키
게 했습니다. 70년이 지났으니까 엘리아살도 죽었을 것입니다.
그러니까 이제는 엘리아살의 아들, 아비나답의 손자, 웃사와 아
효가 법궤를 책임지고 있는 것입니다. 히브리말로 '아들'을 가리
키는 명사 '벤'(בֵּן)은 아들을 뜻하기도 하고 손자를 뜻하기도 합
니다.

　지금 다윗은 하나님의 법궤를 하나님의 명령에 따라서 메어
오기 위해 3만 명이나 되는 사람을 데리고 만반의 준비를 하고
갔습니다. 아비나답의 집에서 형 웃사와 동생 아효, 그동안 법궤
를 지키고 있던 그 형제가 하나님의 법궤를 새 수레에 싣고 나오
는 겁니다. 블레셋 사람들은 몰라서 새 수레에 실었던 겁니다.
만약에 알았다 할지라도 이게 정말 하나님이 내린 재앙인지를
확인하기 위해서 사람이 상상할 수 없는 방법을 취한 것이 새 수
레에 싣고 가는 거 아니었겠습니까. 웃사와 아효는 유대인입니
다. 하나님의 법을 알고 있습니다. 그런데 이들이 자기들 딴에는
정성을 들인다고 헌 수레가 아니라 새 수레를 만들어서 그 새 수
레 위에 하나님의 궤를 떡하니 싣고 집에서 나왔습니다.

　지금 그 자리에는 궤를 메어 오게 하려고 사람들을 데리고

간 다윗 왕이 있습니다. 그런데 웃사와 아효가 하나님의 법궤를 마치 물건 짝처럼 소들이 모는 수레에 실어서 나오는데도 전부다 가만히 보고 있었습니다. 법궤에 관한 한 아비나답 집안 가문 사람이 지킨다는 전통이라는 우상이 공고하게 세워져 있었던 것입니다. 그 우상의 전통 앞에 왕도 입 한 번 벙긋 못했습니다. "그건 어깨에 메어야 돼. 그래서 지금 고핫 자손들 왔잖아. 빨리 내려"라고 아무도 말 못했습니다. 당당하게 새 수레에 싣고 나오는 그 위세에 압도당한 것입니다. 4절입니다.

—— **그들이 산에 있는 아비나답의 집에서 하나님의 궤를 싣고 나올 때에 아효는 궤 앞에서 가고**

지금 하나님의 법궤를 실은 새 수레가 아비나답의 집에서 나오는데 동생 아효가 수레 앞에 섰습니다. 소를 몰고 인도를 합니다. 형 웃사는 수레 뒤에 섰습니다. 수레 뒤에 서면 법궤가 어디 있습니까? 지금 자기 앞에 있습니다. 그러니까 동생은 앞에서 소를 몰고 가니까 등 뒤에 있는 법궤를 못 보고, 형은 앞에 법궤를 놓고 당당하게 나오는 겁니다. 이제 5절을 보시겠습니다.

—— **다윗과 이스라엘 온 족속은 잣나무로 만든 여러 가지 악기와 수금과 비파와 소고와 양금과 제금으로 여호와 앞에서 연주하더라**

참 기가 막힌 일 아닙니까. 메어야 될 법궤를 웃사와 아효가 전통이라는 우상의 권위를 갖고 수레에 실어 나오는데 왕은 아무 말도 못하고 가만히 처다봅니다. '내가 모르는 사이에 법이 바뀌었나?' 그러다가 일단 하나님의 법궤가 나오니까 "주악을 울려라" 해서 대동했던 악사들이 다 연주를 했습니다.

여러분, 머릿속에 이 장면을 한번 그려 보십시다. 법궤를 실은 수레가 중앙에 있고 3만 명이 앞에서, 뒤에서, 양옆에서 수레를 옹립하고 행진을 합니다. 그리고 악사들이 연주를 합니다. 스포트라이트를 받는 사람이 누구입니까? 웃사입니다. 아효는 앞에서 가고 웃사는 법궤 바로 뒤를 따라가면서 그 스포트라이트를 자기가 다 받는 겁니다. 그 행진의 주인공이 됐습니다. 6절입니다.

—— 그들이 나곤의 타작 마당에 이르러서는 소들이 뛰므로

이 행렬이 나곤의 타작 마당 앞으로 갔을 때 갑자기 소들이 뛰었습니다. 여러분, 소는 말처럼 뛰어오르는 짐승이 아닙니다. 근데 소가 수레를 끌고 가다가 뛰었습니다. 왜 그랬겠습니까? 하나님께서 거짓 선지자 발람에게 나귀를 통해서 경고하시듯이 이 짐승을 통해서 경고하시는 겁니다. '웃사, 너 그러면 안 돼. 다윗, 너 뭐 하냐? 이거 아니다.' 그래서 소가 뛰었습니다.

여러분, 말은 본래 질주하는 짐승이기 때문에 뛰어도 높이 뜁니다. 소는 농사짓는 데 동원되거나 수레를 끌기 때문에 뛰어도 높이 뛰지 못합니다. 소가 뛴다고 해서 수레에 있는 법궤가 굴러서 땅으로 떨어지겠습니까? 그런 일은 있을 수 없습니다. 그런데 소가 뛰니까 그날 행렬의 주인공으로 따라가던 웃사가 어떻게 했습니까? 6절을 다시 보시겠습니다.

—— **웃사가 손을 들어 하나님의 궤를 붙들었더니**

여기에서 '붙들다'라는 히브리 동사는 '아하즈'(אחז)라고 하는데 반드시 자기의 소유를 표현할 때 쓰는 동작입니다. 가령 제가 상점에 가서 물건들을 쭉 보면서 어떤 걸 살까 이것저것 한번 붙잡아 보는 것은 '아하즈'가 아닙니다. 그런데 거기 진열된 물건들 중에 제 물건이 하나 있습니다. "야, 이거 내 건데 당신들, 이거 왜 여기 뒀어? 내 거야 이거." 제가 잡았습니다. 이게 아하즈입니다. 소가 뛰니까 웃사가 그냥 법궤를 잡은 게 아닙니다. 손을 들었습니다. 그리고 법궤를 잡습니다. '이거 내 거야. 너희들 똑똑히 봐. 이건 내 거야.' 주인이 되어 있었던 것입니다.

—— **여호와 하나님이 웃사가 잘못함으로 말미암아 진노하사 그를 그곳에서 치시니 그가 거기 하나님의 궤 곁에서 죽으니라**

마치 자기가 그 법궤의 주인인 것처럼 손을 들어서 "내 거야" 하고 붙잡는 순간 하나님께서 죽여 버리셨습니다. 여러분, 옛날 수레는 높이가 한 60센티미터 정도 됩니다. 바퀴는 원이니까 더 올라가도 높이는 그 정도 됩니다. 법궤는 길이가 114센티미터, 넓이가 68.4센티미터, 높이가 68.4센티미터입니다. 그러니까 웃사가 뒤에서 따라갈 때 내려다보는 이 법궤는 높이가 130센티미터가 안 되는 겁니다.

웃사는 하나님의 궤를 위에서 내려다보면서 마치 자기 소유물인 것처럼 손을 들어서 '내 거야' 이랬습니다. 그 순간에 하나님께서 치시니까 그 옆에서 죽었습니다. 그리고 어떻게 됐겠습니까. 땅바닥으로 거꾸러졌습니다. 궤 위에서 '내 거야' 그랬는데 하나님은 '아니다' 하셨습니다. 궤 옆에서 절명해서 궤 밑으로 떨어지게 하셨습니다. 8절입니다.

—— 여호와께서 웃사를 치시므로 다윗이 분하여 그 곳을 베레스웃사라 부르니 그 이름이 오늘까지 이르니라

여러분, 그 광경을 보고 다윗이 분했습니다. 무엇이 분했습니까. 첫째는 아효와 웃사가 하나님의 법궤를 수레에 실어 나오는 엉뚱한 짓을 하는데도 그 권위에 눌려서 한마디도 하지 못했던 자기 자신에 대해서 분노했습니다. 두 번째는 하나님의 법궤와

온 백성을 농락했던 웃사에 대해서 분노했을 것입니다. 그래서 그 자리를 '베레스 웃사'라고 했습니다. 베레스는 '친다', 웃사는 '웃사', 하나님께서 베레스를 치셨다는 말입니다. 바꾸어 말하면 법궤에 관한 한 아비나답 가문이 뭘 해도 다 괜찮다고 생각하는 전통이라는 이름의 우상을 하나님께서 치신 것입니다. 인간이 해결하지 못할 때 하나님께서 해결해 버리신 것입니다. 그 전통이라는 이름의 우상이 몇 년 만에 생겼습니까. 70년 만입니다.

여러분, 이 교회 역사는 127년입니다. 70년의 약 두 배에 해당합니다. 그러면 교회가 하나님 말씀보다 전통이란 이름의 우상의 권위에 압도당하고 있는 건 아닌가 생각해 봐야 합니다. 여러분 스스로 베레스웃사를 제거하지 않으면 언젠가는 하나님께서 베레스웃사 하십니다.

장로교를 세우지 않은 칼뱅

이 시간에는 범한국 교회적으로 반드시 제거해야 될 전통이란 이름의 우상에 대해 좀더 깊이 생각해 보고자 합니다. 그것은 직분의 서열, 직분의 계급화, 직분의 권력화라는 전통의 우상입니다. 장로교회의 효시가 장 칼뱅이라고 한국 장로교회 교인들은 거의 99.9퍼센트 그렇게 생각하고 있습니다. 16세기 스위스 제네바에서 개혁 운동을 했던 장 칼뱅이 장로교회를 세웠다고 생각합니다. 장 칼뱅은 장로교회를 세운 적이 없습니다. 장 칼뱅은 스위스에서 개혁을 하면서 자기가 이끄는 교회 이름을 리폼드 처치, 개혁교회라고 불렀습니다.

부패할 대로 부패한 로마 가톨릭교회에 의해서 왜곡된 교회와 세상을 하나님의 말씀으로 새롭게 개혁하는 데에 방점을 찍었습니다. 모든 교회의 목적과 목표가 하나님의 말씀으로 개혁하는 데 있었습니다. 그 개혁의 통로로 장 칼뱅은 교회에 4개의 직분을 뒀습니다. 첫 번째 직분이 목사입니다. 하나님의 말씀을 가르치고 성례전을 집전하고 교회를 이끄는 직분입니다. 두 번째 직분이 교사였습니다. 장 칼뱅의 개혁교회에서 교사는 오늘날 교회학교 교사와 본질적으로 달랐습니다. 개혁교회에서 교사는 모조리 신학을 전공한 사람들이었습니다. 그래서 당시 교사는 '박사' 혹은 '교수'로 불렸습니다. 세 번째 직분이 장로였습니다. 목사와 함께 치리와 권징을 행하고 목사를 지원하는 직분입니다. 그런데 칼뱅의 개혁교회에서 장로는 항존직이 아니었습니다. 1년 임기의 임시직이었습니다. 모든 장로는 1년마다 신임을 받아야 했습니다. 신임을 못 받으면 관두어야 했습니다. 네 번째 직분이 집사였습니다. 집사는 제네바 시에 소속되어 있는 병원 복지시설 그리고 교회에서 봉사하는 직분이었습니다.

장 칼뱅은 바로 이 4개의 직분으로, 교황 1인 체제의 독선과

오만에 맞서는 민주적인 대의 체제로 모든 교인들의 의사가 반영되도록 시스템을 만들었습니다. 목사와 장로들로 구성되는 협의체, 콘시스털을 장 칼뱅이 만들었지만 장로가 다른 직분보다 비중이 커서가 아니라 그 역시 대의 체제의 일환이었을 뿐입니다. 왜냐하면 그때의 장로는 1년 임기가 정해져 있었기 때문입니다.

칼뱅은 '개혁된 교회는 항상 개혁되어야 한다', 이것을 강조했습니다. 교회가 한 번 개혁되었다고 멈추면 죄성을 가진 인간들의 이해집단으로 전락하기 때문에 날마다 개혁되어야 합니다. 이처럼 칼뱅의 개혁교회는 교회의 방점이 개혁에 있었기 때문에 직분의 계급화, 서열화, 권력화가 있을 수 없었고 어떤 특정인이 교회를 좌지우지할 수 없었습니다. 그건 개혁에 반하는 일이기 때문입니다.

칼뱅과 동시대 스코틀랜드에서도 종교개혁이 있었습니다. 그 중심에 존 낙스가 있었습니다. 가톨릭 신자였던 메리 여왕이 즉위하고 개신교 신도들에 대한 대박해가 시작되자 존 낙스는 망명길에 올랐고 스위스 제네바에 들러서 잠시 칼뱅 곁에서 개혁을 도왔습니다. 그리고 칼뱅의 개혁교회를 배웠습니다. 이후 스코틀랜드로 돌아간 존 낙스는 그를 따르는 사람들과 함께 새로운 교회를 조직했습니다. 그러나 그가 스위스에서 배웠던 칼뱅의 개혁교회와는 사뭇 달랐습니다. 칼뱅의 개혁교회는 목사,

교사, 장로, 집사 네 직분이 있었는데 존 낙스는 이 네 직군 가운데에서 교사를 빼버렸습니다. 목사, 장로, 집사 세 직분만 됐습니다. 목사도 장로입니다. 장로들 중에서 가르치는 장로가 목사입니다. 그러니까 가르치는 장로, 장로, 집사 실은 두 개의 직분밖에 없는 것입니다.

그리고 그 교회의 이름을 프레즈비테리언 처치, 장로교회라고 했습니다. 장로교회라는 이름은 결코 칼뱅이 만든 게 아닙니다. 존 낙스가 명명했습니다. 그리고 이 존 낙스의 장로교회가 대서양을 건너서 미국으로 건너갔고, 그 장로교회가 태평양을 건너서 한국으로 전해졌습니다. 그러니까 장로교회의 효시는 장 칼뱅이 아니고 존 낙스입니다.

그런데 칼뱅의 개혁교회는 방점을 개혁에 두었기 때문에 교회의 부패를 사전에 차단하고자 자구의 노력이 있었지만 존 낙스의 장로교회는 처음부터 교회 운영의 중심에 장로를 두었습니다. 교회의 가장 큰 비중을 장로 직분에 두었습니다. 처음부터 인적 타락의 가능성을 내포하고 시작된 겁니다. 그리고 장로교회이다 보니까 일반 사회인과의 접점이 전혀 없었습니다.

여러분, 우리는 장로교회 교인이니까 '장로교회'가 조금도 이상하지 않습니다. 만약에 '대한예수교목사교회'가 있다면 그런 교회가 있을 수 있습니까? 만약에 '대한예수교목사교회' 하면 그것이 시사하는 바가 무엇입니까. 우리 목사끼리 다 할 테니

다른 사람 끼어들 생각하지 마라는 얘기 아닙니까. '대한예수교 권사교회' 있을 수 있겠습니까. '대한예수교집사교회' 있을 수 없습니다.

스코틀랜드 사람들이 장로의 비중을 절대 앞세우는 장로교 회를 받아들이지 못했습니다. 그래서 스코틀랜드에서 장로교회 는 거의 소멸되었습니다. 미국도 마찬가지였습니다. 미국 사람 들은 자유를 찾아서 목숨을 걸고 대서양을 건넜던 사람들입니 다. 장로라는 직분을 절대시해서 '장로교회'라고 했으니 자유분 방한 미국인들에게는 비호감이었을 겁니다. 그래서 미국 장로교 회는 처음부터 군소 교단이었습니다.

북장로교회, 남장로교회가 있다가 교세가 약해지니까 서로 합쳤습니다. 그리고 장로교회가 갖는 한계를 극복하기 위해서 20대 대표도 장로가 되고 30대 대표도 장로가 되도록 했습니다. 장로를 직능대표제로 바꿨습니다. 그럼에도 불구하고 미국 연합 장로교(PC USA) 안에는 미국에 있는 한인 교인들 가운데 한국 인들끼리 만든 한국인 노회가 아니라 미국 장로교회 총회에 가 입을 원한 한인 교회들까지 포함되어 있습니다. 2020년 총 교인 숫자가 124만 명입니다. 우리나라는 대한예수교장로회 통합 측 이 250만 명, 합동 측이 250만 명으로 두 교단만 해도 500만 명 입니다. 미국 인구는 3억 3천만 명인데 장로교인이 124만 명밖 에 안 됩니다. 안 맞는 겁니다. 그런데 이 장로교회가 140년 전에 한국에 들어와서는 전혀 다른 양상을 보였습니다. 유교적 가부장적 사회에 장로교회가 딱 맞아 들어갔습니다. 장로가 계급, 서열이 된 것입니다. 그래서 '장로교회'가 조금도 이상하지 않았습니다. '목사교회' 하면 다 웃으면서도 '장로교회'는 조금도 이상하지 않습니다.

한국에 장로교 교단이 약 300여 개 있다고 합니다. 장로교회 명판을 달아야 교인들이 신뢰하는 겁니다. 본래 감리회와 침례교에는 장로가 없었습니다. 감리회는 속장과 권사밖에 없었습니다. 감리회 권사는 남자, 여자 모두의 직분입니다. 그런데 한국 감리회, 침례교에 지금 장로가 있습니다. 장로 없이는 한국에서 교회가 안 되는 것입니다. 계급이 됐기 때문입니다.

여러분, 어떻습니까. 서리집사 위에 안수집사 있고, 권사 있고, 장로 있습니다. 계급입니다. 종교개혁의 핵심이 만인제사장인데 말로는 만인제사장이라고 하면서 서열이 있지 않습니까. 장로 중에서 가르치는 장로가 목사입니다. 권징과 치리하는 장로 누가 헤게모니를 장악할 것인가 교회마다 분쟁이 있지 않습니까. 장로들 사이에 다툼이 있지 않습니까. 왜입니까? 계급이고 서열이고 권력이라서 그렇습니다.

지금 통합 측에서는 여자에게도 장로직을 줍니다만 장로직을 주기 전에 여자에게도 최고의 계급이 필요했습니다. 그래서 세계에서 유일하게 한국 교회에만 여자 권사직이 생겼습니다.

아까 말씀드린 감리교 권사와 다른 겁니다. 이건 여성도들만의 최고 계급입니다. 여러분, 장로, 안수 집사 투표를 하는데 은연중에 혹은 공개적으로 왜 선거운동합니까? 선거운동에서 뽑히는 장로, 안수 집사가 정말 예수님이 말하는 종이 될 수 있습니까? 그런데도 선거운동합니다. 왜입니까? 계급이니까, 권력이니까 그렇습니다.

교회 직분이 계급이고 권력이기 때문에 아무에게나 줄 수 없습니다. 지분이 있는 사람에게만 이 직분을 줘야 합니다. 그래서 교회 중에는 아예 당회에서 장로 후보를 내는 교회들이 있습니다. 첫 번째 조건이 뭡니까? 십일조 내는 것입니다. 장로 되고 싶으면 봉투에 이름 써야 되는 겁니다. 하나님한테 바치는 거 아니라 당회원들 보라고 바칩니다. '나 이렇게 십일조 냅니다. 나중에 장로 후보 세울 때 나도 뽑아주시오.'

여러분, 이것이 과연 교회입니까? 직분의 계급화, 서열화, 권력화라는 이 전통이라는 이름의 우상이 한국 교회를 압도하고 있는데 다윗 왕이 웃사와 아효가 수레에 법궤를 싣고 나오는 것을 보고도 꿀 먹은 벙어리처럼 쳐다만 보았듯 아무도 말하지 않습니다. 문제라고 생각하면서 이 문제를 고칠 생각을 하지 않습니다. 이 전통이라는 우상의 권위가 너무 막강하기 때문입니다. 저는 단언합니다. 직분이 계급이 된, 서열화되고 권력이 된 교회는 절대로 성경이 말하는 주님의 교회가 아닙니다.

주님께서 공생애를 마치시고 이제 십자가에 못 박혀 돌아가시려고 예루살렘으로 올라가십니다. 주님께서 제자들에게 세 번이나 당신의 죽음을 예고하셨습니다. '내가 예루살렘에 올라가면 대제사장들과 장로들과 서기관들에게 모독당하고 십자가에 못 박혀 죽을 거다.' 제자들은 귀담아듣지 않았습니다. 예수님께서 그동안 보여주셨던 그 신통한 능력, 그 능력이면 이제 수도 예루살렘으로 올라가셔서 로마 제국을 물리치고 집권하신다고들 굳게 믿었습니다.

예수님께서 십자가에 못 박히시려고 예루살렘에 올라가시는데 그 길 위에서 요한과 야고보 형제가 예수님께 은밀하게 나와서 청탁을 했습니다. '예수님, 예루살렘에 가시면 우리 두 형제 예수님 오른편, 왼편에 앉게 해주십시오.' 집권하시면 중직을 달라는 겁니다. 나중에 다른 제자들이 그 두 사람이 예수님에게 청탁했다는 이야기를 들었습니다. 화가 났습니다.

누가복음 22장 14절을 보면 예수님은 지금 십자가에 못 박히시려고 예루살렘으로 올라가는데 그 옆에서 제자들은 '네가 더 높아? 내가 더 높지. 네가 더 커? 내가 더 크지'라고 계급 싸움, 서열 싸움, 권력 싸움 했습니다. 그때 주님께서 하신 말씀이 마가복음에 기록되어 있습니다. 마가복음 10장 42절에서 45절입니다. 먼저 42절입니다.

—— 예수께서 불러다가 이르시되

누구를 불렀습니까? 지금 서로 '누가 높냐 누가 더 크냐', '예수님 집권하시면 누가 더 높은 자리에 올라가야 되냐' 그 다툼 많은 제자들을 '얘들아, 이리 좀 와라' 부르셨습니다.

—— 이방인의 집권자들이 그들을 임의로 주관하고

'세상 지도자들이 너희들 마음대로 다룬다.'

—— 그 고관들이 그들에게 권세를 부리는 줄을 너희가 알거니와

'고관들이 너희들 함부로 대하는 거 너희들 안다.' '알다'를 뜻하는 헬라어 동사는 '에이도'(εἴδω)인데 이 동사는 본래 '보다'라는 뜻이기도 합니다. '너희들 보고 있지? 저 세상의 지도자들이 백성들 위에서 마음대로 군림한다. 왜 그러냐? 자기네들 계급이 높다고 생각하기 때문이다. 자기네들 권력이 크다고 생각하기 때문이다. 너희들 보고 있지 않으냐?' 43절입니다.

—— 너희 중에는 그렇지 않을지니

'너희가 내 제자라면 너희는 저렇게 하면 안 된다. 너희는 저렇게 하면 내 제자가 아니다.'

—— 너희 중에 누구든지 크고자 하는 자는 너희를 섬기는 자가 되고

'서열이 제일 높고 싶으냐? 제일 계급 높은 자리에 앉고 싶으냐? 그러면 섬기는 자가 되어라.' 여러분, 한국 교회에서 섬긴다는 말이 타락했습니다. 섬기지 않고 섬긴다고 합니다. '섬기는 자가 되라'는 주님의 말씀은 '디아코노스'(διάκονος), 하인, 일꾼이되라는 겁니다. 지나가다가 커피 한 잔 사 주고 '내가 저분 섬겼다'가 아닙니다. 하인, 일꾼이 되라는 겁니다. 44절입니다.

—— 너희 중에 누구든지 으뜸이 되고자 하는 자는 모든 사람의 종이 되어야 하리라

종은 '둘로스'(δοῦλος), '노예'라는 말입니다. '종이 되어야 하리라'는 말도 한국 교회에서는 타락했습니다. 목사를 가리켜서 "우리 종님" 그럽니다. 세상에 그런 종이 어디 있습니까? 주님이 말씀하신 '둘로스'는 노예입니다. 그래서 영어 성경, 프랑스어 성경 다 '노예'라는 뜻의 단어를 썼습니다. 왜 그렇게 해야 합니까?

—— 인자가 온 것은 섬김을 받으려 함이 아니라 도리어 섬기려 하고 자기 목숨을 많은 사람의 대속물로 주려 함이니라

'내가 하나님의 아들이지만 나는 섬김을 받으러 오지 않았다. 많은 사람들의 대속물로 왔다.' 대속물이라고 하는 것은 '뤼트론'(λύτρον), 속전입니다. 예전에는 노예 시장이 있어서 노예를 사고팔았습니다. 근데 어떤 사람이 지나가다가 보니까 노예가 한 명 있는데 정말 출중하게 생겼습니다. 내가 저 노예를 잘 보살펴주면 인물이 될 것 같아요. 노예상에게 이 노예 값 얼마냐고 묻습니다. 얼마라고 하면 돈을 줍니다. 그러면 이 노예는 자유합니다. 데리고 가서 공부 시켜줍니다. 이런 일은 있었습니다.

그런데 정말 볼품도 없고 온갖 나쁜 짓 다 한 노예가 지금 노예 시장에 서 있습니다. '여보게, 내가 대신해서 평생 노예로 살 테니 쟤는 풀어줘라' 하는 사람이 있을 수 있겠습니까? 그분이 바로 예수님이십니다. 그분이 우리가 죽어야 될 십자가에서 제물로 대신 죽으셨습니다. 그리고 너는 살아라는 겁니다. '내가 온 건 이것 때문에 왔다. 너희가 내 제자들이라면 이렇게 계급 다툼 하면 안 된다. 서열 다툼 하면 안 된다. 서로 하인이 되거나 서로 일꾼이 되어라. 서로에게 노예가 되어줘라.' 여러분, 지금 주님의 이 말씀에 비하면 권력화되고 서열화된 한국 교회의 직분제가, 한국 교회가 바른 교회 맞습니까?

죽음은 코끝에

요한복음 15장 포도나무 비유는 흔히 교회론에 비유됩니다. 예수님께서 말씀하셨습니다. '내 아버지는 농부다. 난 포도나무다. 너희는 가지다. 너희가 내 안에 붙어 있으면 많은 열매를 맺고 나한테서 떨어져 나가면 말라서 버리워져 불타 없어진다.' 그렇지 않습니까? 교회가 주님에게 붙어 있어야 생명의 열매가 거두어지지 않겠습니까.

그런데 주님께서 언급하신 포도나무를 포함해서 하나님께서 창조하신 모든 나무는 공통점을 갖고 있습니다. 땅에서 나무줄기가 올라옵니다. 그 줄기에서 첫 번째 나뭇가지가 나옵니다. 첫 번째 나온 나뭇가지는 세월이 흘러갈수록 그 나무에서 가장 오래되고 가장 강한 가지가 됩니다. 두 번째 나뭇가지가 나옵니다. 첫 번째 나뭇가지가 내가 더 크고 강하다고 '두 번째 나뭇가지 너 내 밑으로 들어가. 세 번째 나뭇가지 너 내 밑으로 내려가'라고 윗자리를 차지하면 그 나무는 먼저 나온 가지들의 무게 때문에 꺾입니다. 세상의 조직들이 왜 오래 안 가고 다 꺾입니까? 윗자리를 차지하려고 그러는 겁니다. 그래서 다 꺾입니다.

나무를 보십시오. 제일 먼저 나온 가지가 크고 강하지만 아무리 세월이 흘러가도 제일 밑자리입니다. 그다음 가지는 그 위에, 가장 늦게 나온 여린 가지가 제일 윗자리에 있습니다. 예수님 말씀하고 똑같습니다. '정말 크고 강한 사람이 되길 원하느냐? 하인이 되어라.' 나무는 그 말 지킵니다. 그래서 이 자연은 그렇게 아름답습니다. 강한 것들이 큰 것들이 밑에서 디아코너스가 되는 겁니다. '내가 버텨줄게. 너희들 위에서 마음껏 놀아라.' 태풍이 불어도 견디게 해주는 겁니다. 그게 교회입니다.

이 교회 역사가 127년이 됐다고 했습니다. 한국 교회에 많은 좋은 영향을 미쳐 왔습니다. 그럼에도 불구하고 직분제의 서열화, 계급화, 권력화라는 전통의 우상화가 한국 교회에 공고하게 자리 잡는 데 일조하지 않았다고 말할 수 있습니까. 여러분, 여러분, 주님께서는 크고 강한 자일수록, 큰 자가 되기를 원하면 하인이 되라고 하시는데, 장로, 집사, 권사를 계급으로 알고 서로 높아지려고 하는 교회를 앞으로도 10년, 20년 이어가시렵니까. 이제 이 우상이 깨어져야 하지 않겠습니까. 새로운 전통을 만들어가야 되지 않겠습니까.

사랑하는 교우 여러분, 저는 올해 일흔세 살입니다. 제가 이 단 위에서 여러분들과 만나서 이야기하는 것은 이번이 처음이자 마지막 아니겠습니까. 제가 사는 거창집 바로 앞집이 보살님 댁입니다. 불교에서는 집사님을 보살님이라 그럽니다. 또 보살님 남편은 처사님이라 그럽니다. 그 처사님이 며칠 전에 돌아가셨습니다. 그래서 제가 여기 오기 전에 장례식장으로 조문을 갔습니다. 보살님이 그러셨습니다. 숨 네 번 크게 들이쉬고는 가셨다고 합니다.

여러분, 죽음은 거창하지 않습니다. 내가 지금 내쉰 숨, 다시 못 들이켜면 죽은 겁니다. 그래서 저는 죽음은 늘 코끝에 달려 있다고 합니다. 이 숨 멎으면 나는 죽은 겁니다. 오늘 밤일 수도 있습니다.

여러분, 주님께서 우리를 위해서 생명의 속전 십자가의 속전을 스스로 주시고 생명으로 구원해 주셨습니다. 단 한 번 사는 인생이지 않습니까? 우리 코끝에 생명이 있는 동안에 진짜 예수쟁이로 살고 싶지 않습니까? 기도하겠습니다.

하나님 아버지, 우리 주위를 둘러봅니다. 하나님을 믿는다고 하면서 하나님 말씀보다 위에 올려두고 있는 전통이라는 우상이 참 많이 있습니다. 700년이 지나서야 히스기야가 놋뱀을 깨뜨렸던 것처럼 우리 삶 속에서 깨뜨려야 할 놋뱀들을 미련 없이 깨뜨리게 해주십시오. 우리가 속해 있는 교회가 세상의 조직이 아니라 주님께서 말씀하신 대로 '크고 싶으냐? 하인이 되거라. 으뜸이 되고 싶으냐? 노예가 되거라. 왜인지 알잖니. 내가 너희들 위해서 생명 주지 않았니'라는 이 주님 말씀 지키는 진짜 교회 되게 해주십시오. 한 사람 한 사람이 우리가 속한 교회를 진짜 교회로 일구는 진짜 예수쟁이로 살다가 주님 부르시는 날 주님 품에 안기게 해주십시오. 예수님 이름으로 기도드립니다. 아멘.

다윗은 유다 베들레헴 에브랏 사람 이새라 하는 사람의 아들이었는데 이새는 사울 당시 사람 중에 나이가 많아 늙은 사람으로서 여덟 아들이 있는 중 그 장성한 세 아들은 사울을 따라 싸움에 나갔으니 싸움에 나간 세 아들의 이름은 장자 엘리압이요 그 다음은 아비나답이요 셋째는 삼마며 다윗은 막내라 장성한 세 사람은 사울을 따랐고 다윗은 사울에게로 왕래하며 베들레헴에서 그의 아버지의 양을 칠 때에 그 블레셋 사람이 사십 일을 조석으로 나와서 몸을 나타내었더라 이새가 그의 아들 다윗에게 이르되 지금 네 형들을 위하여 이 볶은 곡식 한 에바와 이 떡 열 덩이를 가지고 진영으로 속히 가서 네 형들에게 주고 이 치즈 열 덩이를 가져다가 그들의 천부장에게 주고 네 형들의 안부를 살피고 증표를 가져오라 그 때에 사울과 그들과 이스라엘 모든 사람들은 엘라 골짜기에서 블레셋 사람들과 싸우는 중이더라(삼상 17:12-19)

3

신앙적인 자녀교육은?

먼저 한 가지 양해 말씀 올리겠습니다. 제가 나이가 들고 체력이 진해서 멀쩡하게 있다가도 갑자기 탈진 상태에 빠질 때가 있습니다. 그럴 때는 제 모든 생각과 사고가 갑자기 멈추는 블랙아웃을 경험합니다. 물론 상대방은 아무것도 모르는데 저 혼자서 경험하는 것입니다. 어젯밤 설교 말미에 그런 순간이 있었습니다. 잠시 블랙아웃이 있으면서 그 찰나적인 순간에 제가 드려야 될 말씀을 드리지 못했습니다. 제 실수로 깜빡 잊어버렸다는 말을 장황하게 변명하는 겁니다. 그래서 잠시 그 말씀을 먼저 언급하고자 합니다.

하나님의 법궤가 마치 자기의 소유물인 것처럼 만인이 보는 앞에서 웃사가 손을 들어 '이건 내 거야' 하는 모양으로 법궤를 붙잡았습니다. 하나님께서 웃사를 치셨습니다. 그래서 즉사하지 않았습니까. 그 광경을 보고 다윗이 분하여 했다고 했습니다. 우상이라는 전통 앞에서 입도 벙긋하지 못했던 자기 자신에 대한 분노였고 전통이라는 우상의 권위를 내세워서 이스라엘 백성들을 농락했던 웃사에 대한 분노였을 것입니다. 그래서 다윗이 그곳 이름을 베레스웃사라고 했습니다.

이건 앞부분에서 말씀드린 겁니다. 베레스웃사는 하나님께서 웃사를 치셨다는 말입니다. 우리 성경에 '웃사'라고 번역되어 있는데 히브리말로 '웃자'(עֻזָּה)입니다. '베레스웃자'라고 할 때 그 교만했던 '웃자'라는 사람을 주님께서 치셨다는 뜻이 됩니다. 그런데 거기에는 더 깊은 뜻이 있습니다. 히브리 명사로 '웃자'는 사람 이름을 나타내는 고유명사이기도 하지만 보통명사이기도 합니다. 보통명사의 뜻은 '힘'입니다. 근데 이 힘은 반드시 밖에 있는 다른 사람을 향한 힘입니다.

제가 길을 걸어가는데 앞에 큰 돌맹이가 하나 있습니다. 그래서 힘을 써서 그 돌맹이를 치웠습니다. 이것은 웃자가 아닙니다. 제가 길을 걸어가다가 강도를 만났습니다. 있는 힘을 다해서 그 강도와 맞섰는데 강도에게 제압당했습니다. 그러면 제가 아무리 힘을 썼다고 해도 그때의 제 힘은 웃자가 아닙니다. 강도를 만났는데 제가 그 강도를 일격에 제압했습니다. 상대를 제압하는 힘이 웃자입니다.

여러분, 어제 그 장면을 머릿속에 다시 그려 보십시다. 다윗 왕을 포함해서 3만 명이 법궤를 옹위해서 갑니다. 그 한가운데에서 웃자가 손을 들어서 '이건 내 거야' 하고 붙잡을 때 웃자의 그 힘은 거기에 있는 3만 명 가운데 가장 높은 계급의 힘이었습니다. 누구도 상대할 수 없는 겁니다. 가장 높은 서열의 힘이었습니다. 법궤에 관한 한 가장 큰 권력의 힘이었습니다. 삼권을 장악했던 다윗 왕도 그 앞에서 꼼짝 못했습니다. '너희들 다 보고 있지? 내가 너희들 중에서 제일 높아. 내 계급이 최고야. 내가 지금 서열 1위야. 내 권력이 왕보다 더 높아'라고 하면서 법궤를 짚을 때 하나님께서 웃자를 치신 것입니다.

무얼 치신 겁니까? 그가 과시하고자 했던 그 계급성, 서열성, 권력성을 치셨습니다. 하나님 앞에서 겸손하게 봉사해야 될 나무의 밑가지들이 윗가지가 되어 스스로 높이는 웃자가 되면 하나님께서 언젠가는 하나님의 방법으로 베레스웃자 하십니다. 그전에 우리 스스로 웃자 노릇하던 우리 자신을 말씀으로 베레스웃자 하자는 것이 결론입니다.

오늘은 신앙적인 자녀 교육에 대해서 함께 생각해 보고자 합니다. 자녀 교육이라고 하면 크게 세 범주로 나눌 수 있습니다. 첫째, 교회 교육, 둘째, 가정 교육, 셋째, 학교 교육입니다. 저는 학교 교육에 대해서 논할 위치에 있지 않습니다. 따라서 오늘 이 시간에는 교회 교육과 가정 교육에 대해서 생각해 보고자 합니다. 이미 자녀들이 장성한 어르신들께서는 손자나 손녀를 생각하시면 되겠습니다.

먼저 교회 교육에 대해서 한번 생각해 보겠습니다. 오늘날 한국 교회, 교회학교, 주일학교는 기로에 서 있습니다. 한국 교회가 쇠퇴함과 맞물려서 교회학교도 쇠퇴 일로에 있습니다. 우리 세대는 한국 교회, 주일학교가 몰락하는 것을 바라보는 증인이 될 수도 있고, 하기에 따라서는 교회학교를 다시 중흥시키는 구원 투수가 될 수도 있습니다. 그러나 상황이 녹록지 않습니다.

2017년에 예장 합동 교단이 산하 2,000개 교회를 상대로 주일학교에 대한 설문조사를 실시했습니다. 그 설문조사를 위해서 동원한 숫자를 보면 입이 떡 벌어집니다. 담임목사 126명, 부교역자 582명, 주일학교 교사 1,842명, 학부모 1,341명, 미취학 아동 971명, 초등학생 1,472명, 중고등부 학생 1,885명, 청년 대학생 1,608명, 일반 국민 1,000명, 총신대 신대원생 974명, 총 1만 1,801명을 대상으로 한 설문조사였습니다.

합동 측 주장대로 한국 교회에서 이런 매머드급 설문조사는 전무후무합니다. 통합 측에서는 이런 매머드급 설문조사가 없었기 때문에 합동 측 설문조사 결과를 인용해서 말씀드리고자 합니다. 왜냐하면 합동 측에서 조사한 이 문제점이 한국 교회의 문제점을 그대로 드러내고 있기 때문입니다.

주일학교 없는 교회들

설문조사를 보면 크게 세 가지 문제가 나타나 있습니다. 첫 번째가 주일학교의 존립 문제입니다. 이 설문조사에 응한 교회 10곳 중에 세 교회가 주일학교가 아예 없었습니다. 주일학교 학생이 한 명도 없는 겁니다. 몇 해 전에 〈기독공보〉를 통해서 통합 측 교회 가운데에서도 주일학교가 없는 교회가 상당한 퍼센트에

이른다는 기사를 본 적이 있습니다. 합동 측 설문조사는 아이들이 한 명도 없어서 주일학교가 없는 교회가 10곳 중 셋입니다. 어린이 2명이 있는 교회학교, 어린이 10명이 있는 교회학교도 일곱에 포함되어 있습니다. 실상 유명무실한 교회학교까지 포함한다면 상당수의 교회에 교회학교가 없다고 봐야 합니다.

아이들이 바글바글했던 큰 교회 주일학교도 몇몇 교회를 제외하고는 아이들이 줄고 있습니다. 그래서 교회 지도자들은 어떻게 해서 교회학교를 활성화할 것인가 연구합니다. 근데 제가 보기에는 늘 헛다리를 짚습니다. 여러분, 한국 교회에 왜 교회학교 아이들이 없어졌습니까? 교회학교 아이들은 옛날과 달라서 자발적으로 교회를 선택하지 못합니다. 옛날에는 한 동네에 교회가 하나 있었습니다. 아이들이 놀러 가면 다 교회 가는 겁니다. 지금은 그렇지 않습니다. 동네 교회만이 아니라 큰 지역 교회, 서울 전체를 상대로 하는 교회들도 많습니다. 그러니까 부모님들이 지하철을 타거나 자동차를 타거나 해서 교회를 옵니다. 어릴 때부터 아이들은 교회 선택권이 없습니다. 부모 따라오는 겁니다. 영아들은 품에 안겨서, 유치원생들은 손잡고 옵니다. 그 아이들이 없어졌습니다.

무슨 얘기입니까. 주일학교에 다닐 연령 아이들의 부모대가 교회를 떠났다는 것입니다. 어떻게 주일학교를 다시 중흥시킵니까? 방법은 하나밖에 없습니다. 교회를 떠나간 30~40대를 돌아오게 하면 됩니다. 왜 30~40대가 교회를 떠났습니까. 연세 드신 분들 다 30~40대 거쳐 오지 않았습니까. 30~40대가 어떤 세대 입니까. 지성과 이성을 바탕으로 이 세상 모든 것을 비판적인 시 각으로 보는 세대들입니다. 그 세대들이 있기 때문에 미래가 새 로워지는 겁니다. 정말 보배 같은 세대들입니다. 이성과 지성으 로 세상을 비판하는 세대가 없으면 이 세상은 시간이 갈수록 낙 후됩니다. 이 보배로운 30~40대 젊은이들의 시각으로 볼 때 교 회가 교회다운 게 아닌 겁니다.

제가 만약 어릴 때부터 교회를 다녔는데 지금 30~40대가 되 었다면 저도 심각하게 고민할 것 같습니다. '내가 교회를 다녀야 되는가?' 중세 유럽의 종교 권력, 사회, 경제, 정치, 모든 기득권 을 장악한 가톨릭과 맞서서 왜곡된 세상과 교회를 새롭게 하기 위해서 '프로테스트'한 사람들이 개신교를 세웠습니다. 세월이 흘러가면서 개신교회들은 개교회의 기득권을 지키기 위해서 21 세기, 이 민주적인 시대에 가장 비민주적이고 가장 폐쇄적이고 가장 시대에 뒤떨어진 게토가 되었습니다. 용납되는 사람들끼리 만 좋은 겁니다.

여러분, 장로, 권사, 안수 집사, 서리 집사 직분의 권력화, 서 열화에 대해서도 어제 말씀드렸습니다만 매번 얘기하지 않습니 까. 종교개혁 시대에 개신교는 만인제사장을 표방하면서 태동되 었다고 말입니다. 가톨릭은 지금도 죄를 지으면 신부님을 찾아가서 고해성사를 해야 됩니다. 내가 하나님 앞에 직접 해결 못합니다. 그런데 우리 주님께서 돌아가실 때에 지성소의 휘장이 찢어졌습니다. 대제사장만 1년에 한 번 들어갈 수 있던 그 지성소의 휘장이 찢어짐으로 누구든지 하나님 앞에 나아갈 수 있게 되었습니다. 그래서 우리는 하나님께 직접 기도합니다. 베드로의 말처럼 우리 모두가 왕 같은 제사장이 된 겁니다. 그런데 주일 예배 시간에는 장로님들만 기도합니다. 이게 만인 제사장입니까? 젊은이들이 볼 때에 이런 이율배반이 어디 있겠습니까.

교회에서 가르치는 말씀이 '하나님은 전지전능하다', '무소부재하다'입니다. 그러면서 헌금 봉투에 이름 쓰라고 합니다. 여러분, 헌금을 하면서 봉투에 이름 쓰지 않았다고 모르는 하나님이라면 전지전능합니까? 무소부재합니까? 그런데 누가 보라고 이름을 쓰는 겁니까? 누가 얼마 헌금하는지 알고 싶어서 쓰라는 것인데 아무리 미사여구를 동원해서 명분을 쌓는다 한들 젊은이들이 용납하겠습니까. 초파일에 사찰 천정에 걸려 있는 연등들 보면 기독교인들 비웃지 않습니까. 돈 낸 크기만큼 연등 크기가 달라집니다. 거기에 다 이름이 쓰여 있습니다. 시주한 사람 이름입니다. '아니, 부처님은 이름 안 쓰면 모르시나' 다 속으로 이렇게 생각합니다. 그러면서 교회에서는 헌금에 이름 씁니다. 이런 모순을 젊은이들은 아는 겁니다.

여러분, 교회가 30~40대를 몰아내었던 모든 모순과 이율배반적인 제도를 철폐해야 합니다. 그 젊은이들이 돌아와야 합니다. 인간에 의해서 왜곡된 하나님의 말씀이 아니라 날것 그대로의 하나님 말씀을 접하고 하나님의 말씀 안에서 그들이 변화되는 경험을 하게 해줘야 합니다. 젊은이들이 돌아오면 아이들은 따라오는 겁니다. 교회학교는 부흥하는 겁니다. 이 교회 위임 목사님 젊습니다. 이런 젊은 목사님이 목회하실 때 30~40대들이 돌아올 수 있도록 여러분들 함께 고민하고 도와드리십시다.

재미없음은 가짜 문제

설문조사에 나타난 두 번째 문제입니다. 교단에서 계발한 공과 교재에 '생명의 빛'이라고 제목이 붙어 있습니다. 그 공과 교재가 만족스럽지 못하다, 그래서 교단이 사용하라고 한 공과를 사용하지 않는다라고 응답한 교회가 41.3퍼센트입니다. 교단이 만들어준 공과를 사용한다고 응답한 58.7퍼센트의 교회도 공과에 다 만족한다는 말은 아니었을 것입니다. 타 교단도 대동소이할 것입니다.

왜 생각이 있는 사람들이 볼 때 공과에 만족할 수 없는가, 여러분 저는 그 이유를 확실히 압니다. 제가 사회생활을 하다가 서른일곱 살 때 신대원에 들어갔습니다. 신대원 들어가서 이제 1학년이 된 겁니다. 그런데 입학하고 얼마 있지 않아서 총회 교재를 계발하는 부서에서 저한테 연락이 왔습니다. 올해 여름 성경학교 교재와 내년도 공과를 만드는 데 위원으로 참여해 달라는 겁니다. 제가 신대원에 들어가기 전에 출판사를 경영한 경력이 이유의 전부였습니다. 저는 신대원에 들어가기 전까지 성경한 번 제대로 읽어본 적이 없습니다. 신학교 들어가서 비로소 성경을 제대로 한 번씩 읽기 시작했습니다. '출판사 사장 하던 사람이 신대원에 들어왔네? 당신 들어와요. 교재 만듭시다.' 사양했습니다. 저는 그럴 자격이 없기 때문입니다.

작년 12월경에 만난 젊은 목사님도 신대원 다닐 때 저하고 똑같은 제의를 총회로부터 받았습니다. 그분도 신대원 들어가기 전에 출판 관련 일을 하신 분이었던 겁니다. 여러분, 교회학교 교재를 이렇게 만들어서야 되겠습니까? 아이들에게 하나님의 말씀을 어떤 내용으로 어떻게 전해주는가가 얼마나 중요합니까. 그런데이렇게 교육의 비전문가들을 불러 모아서 교재를 만듭니다.

그 교재를 보면 성경이 이야기하고자 하는 깊은 뜻은 없고전설적인 영웅담이나 우상들의 이야기만 있습니다. 제가 예를들어보겠습니다. 대한민국 거의 모든 교단 공과에 보면 '기드온과 300 용사' 이렇게 되어 있습니다. 기드온이 용사 300명을 데리고 13만 5,000명과 싸워서 이겼다는 겁니다. 그러나 성경은그 300명을 가리켜서 한 번도 용사라고 부르지 않습니다. 하나님께서 기드온을 불러서 '너 미디안을 물리쳐라' 하십니다. 워낙 상대가 강력하니까 기드온이 하나님 앞에서 '당신이 진짜면 이렇게 해봐 주십시오. 저렇게 해봐 주십시오' 하지 않습니까. 그리고 미디안과 맞서기 위해서 사람을 모았는데 3만 2,000명이 모였습니다. 하나님께서 기드온에게 이야기합니다. '기드온아, 저렇게 많은 사람을 데리고 가서 이기면 여호와가 아니라 사람 힘으로 이겼다 할 것이다. 돌려보내라. 두려운 사람들 다 가라고 해라.' 그래서 싸우기를 두려워하는 사람들은 집에 가라 그랬더니 2만 2,000명이 갔습니다. 만 명이 남았습니다.

하나님께서 '아직도 사람들 많다. 저 만 명을 데리고 물가로 가라. 물 마시는 모양을 보고 내가 택하겠다' 하십니다. 여러분, 그 옛날에 전쟁터에 나가서 적군을 물리치는 용사들은 진짜 용맹스러운 사람들 아닙니까. 그래서 행군도 잘하고, 물을 마실 때 땅에 엎드려서 얼굴을 대고 벌컥벌컥 마십니다. 그리고 손으로 얼굴 한 번 쓱 닦습니다. 9,700명이 그렇게 사나이답게 물을 먹었습니다.

300명은 허리를 굽혀서 물을 떴습니다. 물을 뜨면 줄줄 흐르지 않겠습니까. 그 물을 마셨습니다. 당시의 남성성 개념으로 볼 때 이 사람들은 사나이가 되기에는 미흡한 사람들입니다. 하나님께서 저 300명 데리고 가라고 하십니다. 용사가 아니라 그 시대 사람들 중에서 가장 허약한 사람 300명입니다. 축에 못 드는 사람 300명이라도 나 여호와가 너희들을 이끌면 13만 5,000명도 오합지졸, 추풍낙엽처럼 쓰러진다고 보여주신 겁니다. 그걸 아이들에게 가르쳐줘야 합니다. '나는 용사가 안 되면 저런 거 못하겠네'가 아닙니다. '네가 못났어도 보잘것없어도 하나님이 함께하시면 네 일평생에 어떤 일을 만나든 책임져주실 거야.' 이걸 가르쳐야 되는데 용사를 먼저 가리킵니다. 용사가 되라는 겁니다.

여러분, 나중에 보겠습니다마는 다윗이 골리앗을 이기지 않습니까. 지금 중동에 있는 팔레스타인 인종과 3,000년 전에 다윗과 맞서고 이스라엘을 침공했던 그 팔레스타인 인종은 서로 다릅니다. 이건 인류학자들이 다 밝혀 놓았습니다. 3,000년 전에 이스라엘을 침공했던 팔레스타인 족속들은 그리스에서 넘어간 사람들입니다. 그리스인들은 특징이 두 가지입니다. 이성, 지성입니다. 그리고 용기입니다. 그리스인들이 스파르타인들하고 싸울 때 용감하게 싸우고 장렬하게 전사하지 않습니까. 그들 중에 한 부류가 팔레스타인으로 건너가서 정착을 한 겁니다. 그래서 팔레스타인인이라고 불렀습니다. 팔레스타인, 블레셋의 장수가 골리앗입니다.

공과에 어떻게 돼 있습니까. 거의 모든 공과, 만화영화 보면 골리앗은 바보입니다. 키만 큰 바보입니다. 웃는 것도 바보입니다. 아닙니다. 지성과 이성을 겸비한 용장이었습니다. 그래서 이스라엘 장수들이 겁이 나서 아무도 나가지 못했습니다.

그 골리앗이 하나님을 모독하는 것을 보고 다윗이 내가 나가서 싸우겠다고 하지 않습니까. 나한테 이길 수 있는 힘이 있다고 생각한 게 아닙니다. 내가 믿는 여호와 하나님을 모독하는데 이스라엘의 그 누구도 저 모독하는 사람을 막을 수가 없다면 나 같은 아이라도 나가겠다는 겁니다. 사울 왕이 '너, 너무 어려서 안 돼'라고 했습니다. '아닙니다. 제가 나갑니다. 제가 들판에서 양을 칠 때 사자가 오면 맨손으로 잡아 이겼습니다.'

여러분, 골리앗은 사자보다 강합니다. 거인입니다. 사울이 다른 대안이 없기 때문에 다윗을 내보내주지 않았습니까. 골리앗이 이 어린아이를 보고 참 기가 차서 다가오는데 다윗이 말합니다. '너는 창과 칼을 가지고 오거니와 나는 네가 모욕하는 만군의 여호와의 이름으로 너한테 간다.' 다윗은 내가 이기고 지고는 뒷전입니다. 오직 여호와의 이름을 위해서, 뛰어가면서 평소에 쓰던 물맷돌을 던졌습니다. 다윗이 잘 던진 것이 아니라 하나님께서 골리앗의 이마에 그 돌이 가 박히게 하셨다는 게 성경의 이야기입니다. '네가 아무리 보잘것없어도 하나님을 경외하면, 일평생 하나님을 높이는 아이가 되면 결정적인 순간에 하나님께서 너를 책임져 주신다.' 이것이 공과가 돼야 되는데 공과에는 다윗이 영웅입니다. 다윗의 출중한 돌팔매 실력으로 골리앗을 이긴 것처럼 나옵니다.

한 가지 더 얘기해 보겠습니다. 공과에 나오는 모세는 옛날 영화 〈십계〉에서 찰턴 헤스턴이 짚었던 지팡이 같은 것을 짚고 있습니다. 그런 신비스러운 지팡이를 확 내미니까 홍해가 갈라지는 겁니다. 지팡이가 아주 요술 지팡이처럼 보이는 겁니다. 그 신비스러운 지팡이로 반석을 치니까 반석에서 강이 터지지 않습니까. 그림이 있는 공과는 다 그런 지팡이를 모세가 들고 있습니다. 만화, 영화는 물론입니다.

이스탄불에 가면 톱카프 궁전 박물관이 있습니다. 이스탄불이 1453년 오스만 제국에 망하기 전까지는 동로마 제국의 수도 콘스탄티노플이었습니다. 동로마 제국 콘스탄틴 대제의 어머니 때부터 성물을 많이 모으기 시작했습니다. 그 박물관에 가면 믿거나 말거나이지만 세례 요한의 팔뼈도 있고 별 게 다 있습니다. 그런데 이슬람 국가가 그 나라 주인이 되고도 왜 그걸 그대로 두겠습니까. 〈코란〉에 아브라함도 나오고 모세도 나오기 때문입니다. 요한 같은 선지자도 〈코란〉에 나옵니다. 그러니까 이슬람 국가도 동로마 제국이 모았던 성물을 보물로 보관합니다. 거기에 가면 모세의 지팡이가 있습니다. 모세가 홍해를 갈랐다고 하는, 반석을 쳤다고 하는 지팡이가 있습니다. 그 지팡이 길이가 어느 정도 되는지 아십니까? 1미터도 안 됩니다.

제가 스위스에서 제네바한인교회를 섬기고 돌아오기 전에 서울에서 방학을 맞아서 아이들이 왔을 때 튀르키예를 여행하면서 그 궁에 갔습니다. 박물관에 갔더니 제 아이가 물었습니다. "아빠, 이게 진짜 모세 할아버지 지팡이 맞아요?" 그래서 대답해주었습니다. "이게 모세 할아버지가 손에 쥐고 있던 진짜 지팡이라고는 말할 수 없을 거야. 그런데 중요한 건 모세 할아버지 시대에 사람들이, 목동들이 쥐고 있던 막대기가 이랬다는 건 알 수 있어."

여러분, 모세가 40년 동안 양을 치던 시나이 반도에는 이런 신비스러운 나무가 없습니다. 거기에서 구할 수 있는 나무 중에서 가장 긴 건 30~40센티미터 정도입니다. 튀르키예나 중동 지방에 가시면 지금도 목자들은 그 정도의 막대기를 들고 있습니다. 큰 나무들이 나지 않으니까 당연합니다. 모세 손에 쥐여 있는 막대기가 보잘것없는 마른 막대기라도 하나님께서 함께하시면 홍해가 갈라진다는 것입니다. 공과가 이걸 가르쳐 줘야 되는데 마치 모세의 지팡이가 신비한 것처럼 이야기합니다.

드려야 할 말씀이 많은데 참 중요한 얘기니까 한 가지만 더 말씀드리겠습니다. 공과는 화가가 그리는 그림과는 달라야 합니다. 화가들은 예술적인, 심리적인 면에서 예수의 어머니 마리아를 표현합니다. 그래서 마리아가 하얀 옷을 입고, 그 외양간 구유에서 태어난 예수를 안고 있습니다. 공과도 똑같습니다. 하얀 옷을 입힙니다. 저는 공과는 달라야 된다고 봅니다. 로마 황제가 로마 제국 내에 있는 모든 국민들 다 호적을 하라고 해서 요셉이 만삭인 마리아를 데리고 호적하러 베들레헴 가지 않습니까. 나사렛에서 베들레헴까지는 무려 120킬로미터입니다. 마리아를 나귀에 태우고 간다고 해도 엿새 길입니다.

마리아는 빈민촌 달동네 나사렛 처녀입니다. 어떻게 하얀 옷을 입습니까? 엿새 동안 나귀를 타고 가는데 옷은 갈아입겠습니까? 그들은 거의 단벌로 살았습니다. 예수가 태어나서 예수를 안을 때 그 옷은 땟국물이 흘러야 합니다. 그래야 가난한 집 아이가 그림을 볼 때 '예수가 나를 위해서 오셨구나' 가슴에 박히는 겁니다. 하얀 옷을 입고 마리아가 앉아 있다면 가난해서 새옷 못 입고 사는 아이들이 그 공과 배울 때 그 백색 옷에 인형처럼 안겨 있는 예수가 내 예수가 될 수 있겠습니까.

저는 신학교에 들어가자마자 공과를 계발하는 위원이 되라고 하는 것을 거절하고 제 눈으로 공과를 다 살펴보았습니다. 그래서 저는 주님의교회를 목회하면서부터 제가 목회하는 교회에서는 전부 교재를 만들었습니다. 주님의교회에서는 교육 목사님, 전임 목사님 중심으로 주님의교회 나오는 아이들에게 맞도록 영아부부터 고등부까지 교재를 다 만들었습니다. 100주년기념교회, 그렇게 만들었습니다. 여러분 교회는 어떻게 하는지 모르겠지만 만들어야 합니다. 여러분들이 정말 어린아이들에게 신앙교육 시켜주고 싶으면 아이들이 어릴 때부터 신앙심이 심어질 수 있도록 교회학교 성경부터 많은 사람들이 머리를 맞대고 만들어야 합니다.

이 교재와 관련해서 또 한 가지 중요한 대목이 있습니다. 총신대 신대원생들이 총회가 만든 교재들을 보고 '교재가 안 좋다'

라고 했는데 그 이유가 재미가 없다는 겁니다. 흥미 유발 부족이라는 겁니다. 여러분, 오늘날 어느 교회를 가든지 교회학교는 아이들에게 재미를 주려고 합니다. 아이들에게 신앙교육보다도 재미를 최우선으로 삼은 것이 교회학교 세태와 직결되는 겁니다. 여러분, 영아, 유아만 해도 어머니 품에 안겨서 어머니하고 같이 교회 옵니다. 그런데 그 아이들이 초등학생이 되고 중학생이 되면 어떻습니까. 고등학생이 되면 어떻습니까. 한국 교회의 교회학교 구조를 보면 영아부, 유치부, 초등부가 제일 많고 중등부는 확 줄어들고 고등부는 더 줄어듭니다. 왜 그렇습니까.

내가 내 발로 걸어서 다닐 수 없을 때는 부모 따라서 교회 오는데 교회가 재미 위주로 해줍니다. 그러나 교회 선생들이 주는 것보다 게임하고 친구들하고 모여서 더 재미있는 일을 하면 갈 필요가 없어지는 겁니다. 재미있는 게임을 하다가도 교회 시간이 되면 '아, 재미와 전혀 다른 그 무엇이 있어서 나는 교회 가야 돼' 이렇게 되어야 합니다. 그런데 교회가 재미를 최우선으로 삼다 보니까 아이들이 커갈수록 교회는 재미없어집니다. 밖에서 노는 것이 훨씬 재미있는 것입니다.

그래서 제가 목회하는 교회에서 교회학교 최우선순위는 아이들에게 하나님께 굴복하는 태도를 학습하는 거였습니다. 제가 서른일곱 살에 신대원에 들어가고 나서 큰아들이 태어났습니다. 제가 허랑방탕했던 사람인데 제 아이들은 제 코에서 담배 연기

뿜어 나오거나, 제 입에서 술 냄새 나는 것을 한 번도 보지 않고 자랄 수 있어서 하나님께 참 감사합니다. 이 아이가 유아 세례를 받고 어머니 품에 안겨서 예배에 참석하게 되면 대개 자모실에 갑니다. 아이들 기본적으로 놉니다. 뛰어다니는 아이들도 있습니다. 그리고 어머니들은 자기가 예배 잘 드리려고 아이들 방치하고 예배드립니다.

제 처는 처음 교회 가서부터 아이를 꼭 안고 이렇게 말했습니다. "승훈아, 지금은 하나님한테 굴복하는 시간이야. 네가 앞으로도 살아가면서 하나님께 굴복해야 될 때가 있어. 그게 예배 시간이야. 엄마가 너 지금부터 꼭 안는다. 가만히 있어." 처음에는 못 알아듣습니다. 움직이고 막 그럽니다. 엄마가 그럴 때마다 꼭 안고 있으면 몇 주 지나면 아이가 압니다. '아, 이건 꼼짝 말고 있어야 돼.' 제가 신대원 2학년 때 영락교회 교육전도사가 됐습니다. 당시에 영락교회에서는 교육전도사들은 수요일에는 의무적으로 교회에 안 나와도 된다고 했습니다. 그래서 제 처하고 다니던 교회 성경 공부를 참석했습니다. 제 처가 수요일 여성 성가대 지휘를 했습니다. 그러니까 이제 아이는 제가 교인석에서 안고 있습니다. 저도 똑같이 했습니다. "승훈아, 지금 예배 시작돼. 지금은 네가 하나님한테 굴복하는 시간이야." 꼭 안습니다.

여러분, 한국 축구 선수 최초로 독일에서 영웅이 되었던 차범근 선수가 한국에 들어와서 어린이 축구 교실을 만들었습니다. 그 이후에 그 축구 교실을 졸업한 선수들이 지금 한국 축구를 이끌어가고 있습니다. 차범근 선수가 어린이 축구 교실을 만들 때 이런 얘기를 했습니다. "어린아이 때 습득하지 못한 기술은 어른이 되어서 절대로 몸에 익히지 못한다." 어릴 때 시켜야 될 게 따로 있다는 겁니다. 자기가 유럽에서 뛰어보니까 어릴 때부터 잔디밭에서 뛰던 사람하고 자기하고 차이가 너무 나더라는 겁니다. 어른이 되어서 그걸 극복해 보려고 했는데 안 되더라는 겁니다. 어릴 때 습득해야 할 걸 가르쳐야 합니다.

여러분, 어릴 때 교회학교는 하나님께 굴복하는 디엔에이를 심어줘야 합니다. 아이들이 예배 시간에 뛰어다니고 놉니다. 권사님들이 또 예쁘다고 사탕 줍니다. 괜히 열쇠고리를 흔들고 주위 산만하게 말도 시킵니다. '내가 이 시간만큼은 입 닫고 하나님 앞에 굴복하는 거야.' 재미가 아니라 아이들이 이걸 배우면 일평생 하나님께 굴복하는 걸 배웁니다.

교회학교 전담 목회자

설문조사의 세 번째 문제점은 주일학교 사역자 그리고 교사의 전문성 부족입니다. 어제 말씀드렸듯이 칼뱅은 개혁 교회를 하면서 사중직을 뒀는데 목사 다음의 교사는 신학을 전공한 사람들로서 박사나 교수로 불린 사람들이었다고 했습니다. 그런데 우리나라 교회학교 교사는 그냥 지원하면 됩니다. 어린아이들을 가르치는데 어린아이를 낳아보지 않은 청년들이 제일 많습니다. 왜입니까? 청년들 봉사심이 제일 많으니까 좀 해달라고 부탁을 합니다.

제가 신대원 시험을 치고 나서 발표날 가서 보니까 제 이름이 있습니다. 그래서 장신대에서 나오면서 그 학교 앞에 있는 서점에 들어갔습니다. 합격 명단에 없는 사람이면 서점에 안 들어갈 겁니다. 합격된 학생만 책을 사러 들어갈 거 아닙니까. 제가 책을 고르는데 누가 "전도사님"이라고 합니다. 저는 전도사가 아니니까 반응 없이 계속 책을 보는데 또 "전도사님" 합니다. 옆을 보니까 저밖에 없습니다. 부르는 분이 서점 사장님이신 겁니다. 그래서 제가 돌아다보고 "저요?" 그랬더니 맞다고 합니다.

"저 전도사 아닌데요."

"아니, 오늘 합격자 명단에 있지 않았습니까?"

"예, 있었습니다."

"그러면 전도사야."

여러분, 이렇게 쉽게 전도사가 됩니다. 교회학교 전도사님을 폄훼하는 이야기가 아닙니다. 한국 교회 주일학교 현실을 말씀드리는 겁니다. 신대원 1학년생, 2학년생들이 주일학교에 가서 한 부서를 맡습니다. 훈련되지 않은 교사들이 아이들을 가르칩니다. 그러다 보니까 재미 위주가 됩니다. 여러분, 어린아이들은 현존하는 미래인데 이 아이들이 있어야 우리의 미래가 공고해집니다. 이 아이들이 바른 신앙생활 하고 이 교회에 들어온 아이들이 미래에 신앙인으로 사회에서 한 몫을 담당할 수 있게끔 만들기 위해서는 여력이 있는 교회라면 반드시 교회학교를 전담하는 목사님이 있어야 합니다.

주님의교회에서는 교육 담당 전임 목사님이 있었고 그것도 모자란다 생각했습니다. 왜냐하면 100주년기념교회에서는 제가 주님의교회에서 목회할 때보다 훨씬 더 많은 아이들이 나왔기 때문입니다. 제가 퇴임하기 한 7년 전부터 교회학교만 전담하는 교장 목사님을 따로 뒀습니다. 교회학교 어린이들 초등부 졸업할 때 졸업장 그분 이름으로 받고, 그분이 전적으로 책임집니다. 제가 퇴임하면서 제 후임으로 네 분의 담임 목사님들이 공동 목회를 하게 되었는데 그 네 분 가운데 한 분이 교회학교만 전담하는 담임 목사님이십니다.

공생과 자립

아이들을 위해서 열심인 청년들과 더불어서 저는 교회학교 교사로 어머니들이 많이 지원해야 된다고 생각합니다. 어머니들이 내 아이와 다른 아이들을 신앙적으로 같이 양육해야 되는 겁니다. 일주일에 한 번 교회학교 가서 내 아이가 신앙인으로 완전히 자랄 수 있다고 생각하면 그것은 내가 집 안에서 아이 버릇없이 만들어 놓고 유치원 갔다 오면 예절 바른 아이가 될 거라고 착각하는 거하고 똑같습니다. 그래서 부모님들이 교회학교 교사가 되는 데 관심을 가져야 됩니다. 여기에 가정 교육이 대두되는 것입니다. 교회학교보다 가정 교육이 더 중요합니다. 아이들 불러 앉혀 놓고 "야, 이제부터 아빠 엄마가 가정교육 시킨다. 들어!" 그런 게 가정 교육 아니지 않습니까.

가정 교육을 시키는 가장 좋은 시간과 장소는 식탁입니다. 밥 먹으면서 이야기하는 겁니다. 서로 이야기하면서 부모의 가치관이 아이들에게 심어지고, 부모의 신앙관이 아이들의 신앙관이 되고, 부모의 인격이 아이들의 인격에 스며들게 됩니다. 제가 요즘 식당에 가면 가장 안타깝게 생각하는 것이 밥을 먹으면서 아이들한테 전자기기 주는 커플입니다. '우리 좀 편하게 먹게 너는 만화영화 봐.' 여러분 그건 부모와 자식의 대화를 단절시키는 첩경입니다. 그 아이가 그거 보면 재밌는데 엄마가 얘기 좀 하자면 하겠습니까? 아닙니다.

매일이면 더 좋지만 직장생활하시고 힘드시면 일주일에 하루라도, 토요일이라도 아이들하고 한 시간이든 밥을 먹는 겁니다. 거기에서 아이들의 인격이 세워지고 정서가 깊어집니다. 아이들과 밥을 먹으면서 정말 이런 신앙인, 이런 사회인으로 자라나기를 바란다는 하나의 상을 갖고 있어야 됩니다. 그리고 그 상대로 부모가 살아가기를 부단히 애써야 합니다. 그렇게 애쓰는 삶을 토대로 쾌활하지만 의미 있게 식탁 훈육을 하는 겁니다.

예수님을 올무에 빠뜨리려고 율법사가 질문을 던지지 않습니까. '선생님, 율법 중에 어떤 율법이 제일 큽니까?' 예수님께서 어떤 대답이든지 하면 올무에 빠지는 겁니다. 율법사들은 당시의 신학 박사들 아닙니까. 모세오경에 있는 율법 조항을 그 사람들은 613개 조항으로 나누었습니다. 그리고 율법 중에 하지 마라는 소극적인 명령을 365개, 하라고 명령하는 적극적인 명령을 248개로 분류하고 매일 앉아서 어떤 계명이 더 크냐고 이 신학 박사들이 갑론을박을 벌였습니다. 그 질문을 예수님한테 던진 겁니다.

예수님께서 만약에 'A가 제일 크다' 하면 사람들은 당장 '그러면 B는 안 크다는 말이네'라고 시비를 걸 수 있는 겁니다. 근데 그 질문을 받으신 주님께서 마태복음 22장 37절에서 40절을 통해 이렇게 말씀하십니다.

—— **네 마음을 다하고 목숨을 다하고 뜻을 다하여 주 너의 하나님을 사랑하라 하셨으니 이것이 크고 첫째 되는 계명이요**

'제일 큰 계명, 네 마음을 다하고 목숨을 다하고 뜻을 다해서 주 너의 하나님을 사랑하는 것이다.' 이건 신명기 6장 5절입니다. 율법사들에게 율법으로 대답하시면서 이게 제일 크다고 하십니다. 그런데 '둘째도 그와 같으니'라고 합니다. '첫째', '둘째' 하니까 둘째가 첫째보다 못하다는 게 아니라 둘째도 첫째와 똑같은 비중과 무게를 가지고 있다는 말입니다. 그게 뭐냐 하니까 '네 이웃을 네 자신과 같이 사랑하라 하셨으니'입니다. 이것은 레위기 19장 18절 말씀입니다.

—— 이 두 계명이 온 율법과 선지자의 강령이니라

예수님이 오셨을 때는 신약 성경이 없지 않습니까. 온 율법, 온 선지자 그걸 합치면 구약 성경입니다. 이 두 말씀이 성경의 핵심입니다. 성경이라는 집이 하나님 사랑과 사람 사랑이라는 두 기둥 위에 지어졌다는 말입니다. 율법사들이 더 이상 입도 벙긋 못했습니다. 주님의 이 말씀에 압도당한 겁니다. 성경의 핵심은 이웃을 사랑하라는 겁니다. 나만 사랑하는 게 아니라 저 사람도 사랑하는 겁니다. 그러니까 더불어서 공생하는 겁니다. 예수님께서 우리에게 새로운 계명을 주셨습니다. 요한복음 13장 34절에서 35절입니다.

—— 새 계명을 너희에게 주노니 서로 사랑하라 내가 너희를 사랑한 것

같이 너희도 서로 사랑하라 너희가 서로 사랑하면 비로소 모든 사람이 너희가 내 제자인 줄 알리라

주님께서 우리에게 새 계명을 주셨습니다. '서로 사랑해라. 사랑하면서 공생해라. 너희들이 서로 사랑하면서 공생하면 그것으로 사람들이 내 제자인 줄 알게 될 것이다.' 바꾸어 말해서 '너희가 서로 사랑하면서 공생하지 못하면 너희들은 내 제자일 수가 없다.' 이 말씀입니다. 그러니까 공생이라는 것이 우리에게 주어진 가장 중요한 목표이자 과제인데 공생이 중요한 줄은 다 알면서 사람들이 공생을 잘 못합니다. 더불어 살지 못합니다. 이유는 두 가지입니다. 공생의 중요성은 알지만 공생의 본질이 무엇인지를 모르는 겁니다. 두 번째, 공생의 대전제가 자립이라는 것을 모르는 겁니다. 자립하는 사람만 공생할 수 있습니다. 우리 아이들과 자녀들과 식탁에서 밥 먹으면서 가르쳐줘야 될 것은 공생의 본질을 가르쳐서 공생인이 될 수 있게끔 자립을 행하게 하면서 자립인이 되게 해주는 겁니다.

법, 예절, 물질, 마음

공생의 본질은 첫째로 법의 문제입니다. 여러분, 죽을 수밖에 없는 죄인인 우리는 절대로 거룩하신 하나님과 더불어 공생할 수 없습니다. 근데 하나님께서 하나님과 우리가 공생할 수 있는 길을 주셨습니다. 요한복음 14장 15절입니다.

—— **너희가 나를 사랑하면 나의 계명을 지키리라**

요한복음 14장 21절입니다.

—— **나의 계명을 지키는 자라야 나를 사랑하는 자니**

주님 안에서 하나님의 법을 지키면 매일매일 하나님과 더불어 살 수 있습니다. 인간관계가 똑같습니다. 우리는 다 다릅니다. 성격, 학력, 재산 정도 다 다릅니다. 이 이질적인 사람들이 더불어 살 수 있도록 만든 제도가 법입니다. 법을 지키지 않고 나는 공생인이라고 하면 거짓말입니다. 여러분, 자동차 운전을 할 때 법을 지켜야 합니다. 서울시민과 더불어 살아야 되니까 그렇습니다. 내 자식들에게 법을 지키는 사람이 되도록 일깨워주는 것입니다. 법을 지키는 사람만 손해가 아니라 그걸 감수하는 사람들이 많아져야 합니다. 여러분, 서구 사회가 법치 사회인데 그런 사회가 하루아침에 되었겠습니까? 아닙니다. 그리스도인들이 손해를 감수하면서도 한 사람, 두 사람, 세 사람, 네 사람 법을 지키는 사람이 많아져 감으로 결과적으로 그런 사회가 된 것입니다.

공생한다는 것은 두 번째로 예절의 문제입니다. 더불어 살기 위한 타율적 장치가 법이라면 예절은 자율적인 규범입니다. 우리가 법을 다 모릅니다. 법 전문가가 아닙니다. 교통법규라든지 우리가 알 수 있는 건 지키지만 알 수 없는 게 더 많습니다. 그래서 자율적으로, 자발적으로 예의범절을 지켜서 더불어 사는 겁니다.

여러분, 어떤 아이가 참 예쁘고, 안아주고 싶은 아이입니까? 예의가 반듯한 아이입니다. 무리하게 다른 아이를 밀고 손찌검하고 하면 당하는 아이가 내 아이가 아닌데도 화가 납니다. 내 자식이 다른 사람한테 사랑받게 하려면 예의를 갖추는 아이가 되게 해야 됩니다. 그러면 다른 사람들이 더불어 살기를 원합니다. '네 성질대로 살아. 기죽지 마'라고 가르친다면 천만의 말입니다. 더불어 못 삽니다.

바울이 시골 출신 뵈뵈를 로마 교인들에게 소개하면서 로마서 16장 1절, 2절에서 이렇게 썼습니다.

—— **내가 겐그레아 교회의 일꾼으로 있는 우리 자매 뵈뵈를 너희에게 추천하노니 너희는 주 안에서 성도들의 합당한 예절로 그를 영접하고**

시골 출신이라고 업신여기지 말고 합당한 예절로 영접하라는 말입니다. 우리말 '합당한 예절'의 헬라어가 '아크시오스' (ἀξίως)인데 그 본래 뜻은 '가치롭게'라는 말입니다. 이 '가치롭게'라는 뜻을 지닌 아크시오스를 우리 성경이 '합당한 예절'이라고 번역한 건 탁월한 번역입니다. 합당한 예절을 다해서 상대방을 대하는 것보다 상대를 더 가치롭게 하는 게 없습니다. 사랑장이 이렇게 얘기합니다.

—— **사랑은 오래 참고 사랑은 온유하며 시기하지 아니하며 사랑은 자랑하지 아니하며 교만하지 아니하며 무례히 행하지 아니하며**

여러분, 사랑한다고 막 아무렇게나 해놓는 것, 사랑 아닙니다. 사랑하면 무례히 행하지 않습니다. 남편이 아내에게, 아내가 남편에게 무례히 행하지 않아야 합니다. 그리고 식탁에서 아이들이 무례히 행하지 않게 해야 합니다. 그런 아이들이 사랑받습니다.

공생은 세 번째로 물질의 문제입니다. '내 물질은 누구도 터치하지 마.' 그런 사람은 공생 못합니다. 누가복음 10장에 선한 사마리아 사람이 나옵니다. 길을 가다가 강도 만난 사람을 만났습니다. 제사장도 레위인도 그냥 내버려 둔 사람을 선한 사마리아인은 보자마자 나귀 주머니에 있는 기름과 포도주를 부어서 상처를 싸매어 주었습니다. 그리고 자기 나귀에 싣습니다. 피투

성이가 된 사람을 포도주와 기름으로 상처를 싸매어주고 자기 나귀에 실으면 나귀에 피가 묻을 겁니다. 그런데 상관없다는 겁니다. 주막으로 가서 주막 주인에게 말합니다. '이보시오. 이 사람 좀 잘 돌보아주시오.' 그리고 근로자 한 사람의 이틀분 임금인 두 데나리온을 선납합니다. '내가 출장 갔다가 올 때 추가로 비용이 나오면 내가 또 드릴 테니 잘 좀 해주시오.' 예수님께서 물었습니다. '제사장도 지나가고 레위인도 지나가고 사마리아 사람도 지나갔는데 누가 이 강도 만난 사람의 이웃이냐?' '사마리아 사람입니다.' 예수님께서 말씀하십니다. '너희도 가서 이와 같이 하라.' 뭘 하라는 겁니까? 네 주머니에 있는 물질에는 내가 다른 사람을 위해서 너한테 맡긴 몫이 있다는 걸 알라는 겁니다.

그리스도인들은 스스로를 청지기라고, 하나님의 청지기로 살아야 된다고 말합니다. 그런데 실제로 그렇게 삽니까? 내 주머니에 있는 돈은 다 내 것이라고 생각합니다. 그렇지 않습니다. 내 주머니에 있는 돈 중에 일부는 하나님께서 누군가를 위해서 맡기신 몫입니다. 그것을 실천할 때 우리는 공생인이 될 수 있습니다.

네 번째로 공생은 마음의 문제입니다. 상대를 품을 수 있는 마음의 빈터가 있어야 합니다. 이기적인 사람이 공생이 불가능한 건 그 사람의 마음은 자기만 아는 이기심이 가득 차서 다른 사람을 품을 공간이 전무하기 때문입니다. 우리가 잘 아는 빌립보서 2장 5절에서 8절 말씀입니다.

─── **너희 안에 이 마음을 품으라**

어떤 마음입니까?

─── **곧 그리스도 예수의 마음이니 그는 근본 하나님의 본체시나 하나님과 동등됨을 취할 것으로 여기지 아니하시고 오히려 자기를 비워 종의 형체를 가지사 사람들과 같이 되셨고 사람의 모양으로 나타나사 자기를 낮추시고 죽기까지 복종하셨으니 곧 십자가에 죽으심이라**

주님께서는 이 세상 모든 죄인들을 다 당신 마음에 품으시기 위해서 십자가 제물이 되셨습니다. 그 마음을 품으라는 겁니다. 여러분, 내 마음에 사람을 품고 있지 않는데 어떻게 공생이 되겠습니까. 내가 내 마음속에 몇 사람이나 품고 있나 간단하게 확인하는 방법이 있습니다. 여러분이 기도하실 때 남편, 아내, 자식, 부모, 혈연, 사업체 빼고 아무 상관없는 몇 사람을 위해서 기도합니까? 그 사람이 여러분 마음속에 품은 사람입니다. 기도는 노동입니다. 그래서 하기 싫은 겁니다. 그런데 다른 사람까지 위해서 기도한다고 하면 대부분 안 합니다. 그 마음속에 그 사람이 안 담겨 있기 때문입니다. 내 마음속에 내 가족 아닌 누군가가 담겨 있으면 눈을 감으면 보이고 기도하게 되는 겁니다.

아이들하고 밥 먹을 때 '너희 반에 혹시 어려운 아이 없니? 넌 그러면 그 아이 어떻게 대하니? 다른 아이들은 그 아이 안 놀리니? 그 아이가 도시락은 제대로 싸 오니? 이왕이면 네가 친구 해주면 어떨까?' 등등의 대화를 통해서 아이들 마음속에 다른 사람을 품는 마음을 확장시켜 줄 수 있는 것입니다.

시혜자와 보혜자의 법칙

공생의 필요성을 역설하면서도 실생활 속에서 공생이 이루어지지 않는 두 번째 이유는 공생의 대전제가 자립이기 때문이라고 했습니다. 자립하지 않으면 공생을 못합니다. 성경은 일관되게 우리에게 우리 자식들이 자립할 것을 명령합니다. 레위기 19장 9절에서 10절 말씀입니다.

——— **너희가 너희의 땅에서 곡식을 거둘 때에 너는 밭 모퉁이까지 다 거두지 말고 네 떨어진 이삭도 줍지 말며 네 포도원의 열매를 다 따지 말며 네 포도원에 떨어진 열매도 줍지 말고 가난한 사람과 거류민을 위하여 버려두라 나는 너희의 하나님 여호와이니라**

이 명령은 시혜자의 법칙입니다. 은혜를 베푸는 사람의 법칙입니다. '곡식을 거둘 때에 밭 네 모퉁이에 있는 곡식은 거두지 말고 그대로 버려둬라.' '이삭을 거두어 가는데 바닥에 떨어졌다면 그대로 둬라.' '포도 열매를 따다가 바닥에 떨어졌으면 그대로 둬라.' '그건 나그네들, 오늘 먹을 것이 없는 사람들 몫이니까 가만히 둬라.' 참 이상하지 않습니까. 그러면 이 명령대로 밭 모퉁이 다 베어서 따로 모으고, 내가 이삭을 옮기다가 떨어진 거 모아서 창고에 두고 가난한 사람들 오면 내가 나눠주면 되지 않습니까. 그러면 어떻게 되겠습니까? 미운 사람은 안 주게 됩니다. 하나님은 우리 속을 아시는 겁니다. '그냥 내버려둬. 미운 사람도 나는 그 사람에게 하나님이야. 너희 밭에는 그 사람이 먹을 몫도 있어.' 이게 시혜자의 법칙입니다.

보혜자의 법칙이 있습니다. 은혜를 받는 사람의 법칙입니다. 신명기 23장 24절에서 25절입니다.

—— 네 이웃의 포도원에 들어갈 때에는 마음대로 그 포도를 배불리 먹어도 되느니라 그러나 그릇에 담지는 말 것이요 네 이웃의 곡식밭에 들어갈 때에는 네가 손으로 그 이삭을 따도 되느니라 그러나 네 이웃의 곡식밭에 낫을 대지는 말지니라

'길을 걸어가다가 배가 고픈데 아무것도 먹을 게 없다면 근

처 포도밭에 가서 배부르게 따 먹어라. 근데 그릇을 가져가서 포도를 따서 담아오면 절대 안 된다. 배가 고픈데 마침 이삭이 보이면 그 밭에 가서 이삭 따 먹고 한 끼 배를 채워라. 근데 낫을 들고 가서 이삭을 다 잘라 가면 절대 안 된다.' 이게 보혜자의 법칙입니다. 하나님께서 이렇게 명령하시는 그 근저의 정신이 무엇입니까? 다른 사람 집에 큰 대야 가지고 가서 마음대로 포도 따 가도 된다면, 쩨쩨하게 이삭 몇 개 주워오지 않고 낫을 가져가서 막 베어 온다면 그 사람은 평생 남한테 빌붙어 사는 걸인이 될 겁니다. 아니면 다른 사람의 수고를 도적질하는 셈입니다. 하나님은 우리가 걸인도 도둑도 되기를 원치 않습니다. 살다가 어려운 고비를 만났습니까? 한 끼를 해결하지 못합니까? 그러면 남의 밭에 들어가서 도움을 받으십시오. 그러나 그것은 자립하기 위함입니다. 평생 그렇게 살면 안 됩니다.

이스라엘 백성들이 출애굽 해가지고 40년 동안 광야 생활을 하는데, 40년 동안 손가락 하나 까딱 안 하는데 하늘에서 만나가 떨어지지 않았습니까. 광야에서 손가락 하나 까딱 안 해도 매일 만나가 떨어졌다면 젖과 꿀이 흐르는 가나안 땅에 들어가면 손가락 까딱 안 해도 꿀도 나오고 우유도 나오고 다 나와야 합니다. 여호수아 5장 10절에서 12절입니다.

—— **또 이스라엘 자손들이 길갈에 진 쳤고 그달 십사일 저녁에는 여리**

고 평지에서 유월절을 지켰으며 유월절 이튿날에 그 땅의 소산물을 먹되 그 날에 무교병과 볶은 곡식을 먹었더라 또 그 땅의 소산물을 먹은 다음 날에 만나가 그쳤으니 이스라엘 사람들이 다시는 만나를 얻지 못하였고 그 해에 가나안 땅의 소출을 먹었더라

이스라엘 백성들이 가나안 땅에 들어갔습니다. 원주민들이 농사했던 농산물들이 있습니다. 그 농산물들을 먹은 다음 날부터 하늘에서 만나가 안 내려왔습니다. 그해에는 막 들어갔으니까 땅에 돋아나 있는 농작물을 먹었는데 그다음 해부터는 땀 흘리고 땅을 갈아야 했습니다. 하나님께서 약속하신 언약의 땅은 무위도식의 땅이 아니라 땀 흘리고 자립하고 일해야 되는 땅이었던 것입니다. 여러분, 자립인이 되지 않으면 공생인이 아니라 일평생 기생인으로 삽니다.

여러분들 중에 자식이 50, 60이 되었는데도 80, 90 되는 부모님 돈으로 사는 사람들 있을 겁니다. 그렇게 키워서 그렇습니다. 여러분, 자식들에게 줄 수 있는 가장 큰 선물은 자립하게 하는 겁니다. "내가 돈이 좀 있고, 여유가 있으니 다 해준다"고 하면 아무리 그렇게 자식을 사랑해도 하나님의 법칙은 부모가 먼저 죽는 겁니다. 자립심을 키우지 못한 자식을 두고 부모가 먼저 죽으면 그 자식은 어떻게 살겠습니까. 유대인들이 자식들에게 물고기를 주는 것이 아니라 물고기 잡는 법을 가르쳐 주는 것처

럼 자립하는 걸 가르쳐 줘야 합니다.

경제, 행위, 의식, 영

자립이라고 하는 것은 첫째로 경제적 자립을 하게 만드는 겁니다. 이 경제적 자립은 세상 사람들이 이해하는 것처럼 내가 필요로 하는 만큼의 경제력을 얻어낼 수 있는 능력을 의미하지 않습니다. 그건 세상 사람들이 얘기하는 경제적인 자립입니다. 그리스도인들의 자립은 나한테 주어진 경제적 여건에 나를 맞추어서 자족하게 사는 겁니다. 그게 경제적 자립입니다. 나한테 주어진 경제적 여건에 나를 맞추어서 자족하게 사는 경제적 자립인이 못 되면 그 사람이 공무원 되면 뇌물 받아야 합니다. 내가 필요로 하는 만큼의 돈이 있어야 되니까 내 지위를 이용해서 내가 필요로 하는 만큼 돈을 긁어내야 됩니다. 그러나 내게 주어진 경제적인 여건에 나를 맞추어 넣는 자립인이 되면 그런 공무원은 세상을 바꿀 겁니다. 여러분, 다 같이 빌립보서 4장 13절 한번 외워 보십시다.

—— **내게 능력 주시는 자 안에서 내가 모든 것을 할 수 있느니라**

한국 그리스도인들 거의 다 외웁니다. 왜입니까? 내 입맛에 맞기 때문입니다. 내게 능력 주시는 자 안에서 내가 모든 것을 다 할 수 있다고 합니다. 얼마나 좋습니까! 그러면 이번에는 빌립보서 4장 11절, 12절 외워 보십시다. 빌립보서 4장 13절보다 11절, 12절이 더 중요합니다. 바울이 4장 11절, 12절을 통해서 이렇게 얘기합니다.

—— **내가 궁핍함으로 말하는 것이 아니니라 어떠한 형편에든지 나는 자족하기를 배웠노니 나는 비천에 처할 줄도 알고 풍부에 처할 줄도 알아 모든 일 곧 배부름과 배고픔과 풍부와 궁핍에도 처할 줄 아는 일체의 비결을 배웠노라**

주석을 가하면 이런 말입니다. '나는 정말 찢어지게 가난할 때도 있었다. 경제적으로 좀 여유가 있을 때도 있었다. 그런데 나는 가난하다고 비굴해지지 않고 경제적으로 여유가 있다고 교만하지 않고 언제든지 내게 주어지는 경제적 여건에 나를 맞출 수 있는 일체의 비결을 배웠다. 그랬더니 내게 능력 주시는 자 안에서 내가 모든 것을 다 할 수 있었다.' 무슨 얘기입니까? 내가 돈에서 자유해지니까 하나님 안에서 내가 못할 것이 없었다는 말입니다. 왜 오늘날 교회가 힘이 없습니까? 돈의 노예가 되어 있기 때문입니다. 하나님보다 내가 필요로 하는 돈이 더 중요합니다. 이걸 얻어야 합니다. 다 경제적인 자립인이 아니기 때문에 그렇습니다.

내가 경제적으로 자식을 도와줄 수 있지만 자식이 스스로 일어설 수 있도록 자기에게 주어진 경제적인 여건에 자기를 맞추어 갈 때 그 자식의 삶 속에 창의력이 생기는 겁니다. 독창력이 생기는 겁니다. 그 헝그리 정신 속에서 이 세상의 모든 도전을 이겨낼 수 있는 인내심이 생기는 겁니다. 그 자식들이 새로운 길을 만드는 겁니다.

"너 얼마 필요해? 아빠가 다 줄 테니 걱정하지 마. 돈은 걱정하지 말고 너 하고 싶은 거 다 해." 그렇게 자란 사람이 자기 마음대로 돈 쓰고 자기 인생을 탕진하는 경우는 세상에서 정말 많이 봤지만 세상을 새롭게 한 경우는 아직까지 본 적이 없습니다.

두 번째는 행위의 자립입니다. 내 자식이 지나간 자리는 다른 사람이 치우지 않도록 내 자식이 행위의 자립인이 되게 해야 합니다. 저 사람이 지나가면 내가 치워야 된다고 하면 그 사람하고 공생하려고 안 합니다. 하나님과 우리가 더불어 사는데도 행위의 자립 없이는 하나님을 좇을 수 없습니다. 마태복음 7장 21절입니다.

—— **나더러 주여 주여 하는 자마다 다 천국에 들어갈 곳이 아니요 다만 하늘에 계신 내 아버지의 뜻대로 행하는 자라야 들어가리라**

야고보서 1장 22절입니다.

—— 너희는 말씀을 행하는 자가 되고 듣기만 하여 자신을 속이는 자가 되지 말라

행위의 자립인이 안 되면 일평생 입으로만 예수 믿습니다. 내가 행위의 자립인이 될 때 내 손이, 내 발이 하나님의 손이 되고 하나님의 발이 되어서 이 세상을 변화시키는 겁니다. 우리 자식들이 그렇게 되어야 합니다.

세 번째로 우리 자식들이 자립인으로 선다는 것은 의식의 자립인, 생각의 자립인이 되는 것입니다. 이 세상에는 진정한 자립의 걸림돌이 되는 그릇된 풍조나 관습이 만연해 있습니다. 특히 우리나라에는 그릇된 체면 문화가 세상을 지배합니다. 나이 한 오십 되고 사회생활 어느 정도 하면 아파트 40평은 살아야 됩니다. 아파트 40평에 안 살면 체면 구기는 겁니다. 괜히 열등감 느끼는 겁니다. 내가 이 정도 되면 대형차 타야 됩니다. 여러분, 우리나라 기름 한 방울 안 나는데 우리나라처럼 길거리에 대형차 많은 나라가 있습니까? 한 60개국을 여행해 봤는데 없습니다. 대한민국밖에 없습니다.

체면 문화에 옷 얼마나 화려하게 입습니까. 의식이 자립이 안 되니까 남의 눈에 종속되어 있으니까 이런 옷을 입고, 이런 가방을 들어야 남 앞에 가서 체면이 서는 겁니다. 우리 자식들이 남의 눈에 종속되는 의식의 비자유인이 아니라 내가 비록 지금은 경제적인 여건이 좋지 않아서 남루한 옷을 입고 쪽방에 살아도 중요한 건 나다, 내가 재산이고 이 옷은 상관없다고 하는 사람이 되어야 세상을 바꿉니다.

마지막으로, 자립인이 된다는 것은 영적인 자립인이 되는 겁니다. 주일날 예배에 참석해서 목사님의 설교를 듣는 것은 한 주간을 살아가는 총론을 듣는 것입니다. 매일매일 현장의 삶 속에서 내가 어떻게 살아야 할 것인가는 그런 총론 바탕에서 하나님께 질문하면서 내가 찾아야 합니다. 이게 영적 자립입니다. '기도 많이 하는 권사님께 물어보고 해야지.' '목사님하고 상담하고 해야지.' '교구 목사님한테 물어보고 해야지.' 여러분, 편의점을 경영하는 점주가 계시면 적어도 편의점을 경영하는 데는 그분이 전문인 아닙니까? 그분이 젊은 목사하고 상담을 합니다. "편의점 할까요 말까요?" 편의점 근처에도 안 가본 목사가 어떻게 압니까.

여러분, 한번 생각해 보십시오. 내 자식이 자기만의 영혼을 갖는 영적 자립인이 되지 못해서 일평생 어떤 목사, 어떤 장로, 어떤 권사, 어떤 선교회 리더에게 종속되어 사사건건 그 사람한테 전화하고 의논해서 하라는 대로 인생을 살아간다면 그보다 비극이 어디에 있습니까. 식탁에서 이야기 나누면서 내 아이들이 스스로 질문하고 대답하면서 영적 자립인이 되게 해줘야 합니다.

완벽한 자립인, 다윗

이제 오늘 본문 잠시 보겠습니다. 사무엘상 17장 12절에서 19절 12절입니다.

—— 다윗은 유다 베들레헴 에브랏 사람 이새라 하는 사람의 아들이었는데 이새는 사울 당시 사람 중에 나이가 많아 늙은 사람으로서 여덟 아들이 있는 중

지금 다윗의 아버지를 소개합니다. 다윗의 아버지 이름은 이새이고, 그 이새는 사울 왕 치하에서 나이 많아 늙은 노인이었습니다. 그런데 그 이새에게 여덟 명의 아들이 있었다는 겁니다. 그러면 다윗 외에 몇 명의 아들이 또 있는 겁니까? 일곱 아들이 또 있습니다. 13절입니다.

—— 그 장성한 세 아들은 사울을 따라 싸움에 나갔으니 싸움에 나간 세 아들의 이름은 장자 엘리압이요 그다음은 아비나답이요 셋째는 삼마며

이 전쟁터는 골리앗이 침공한 그 전쟁터입니다. 사울 왕 시절에 골리앗이 군대를 끌고 침공을 하니까 사울이 급히 군대를 모집했는데 이새의 여덟 아들 가운데에 첫째 아들, 둘째 아들,

---

셋째 아들도 차출되어 나갔습니다. 여덟 아들 중에 위에 세 아들이 지금 전쟁터에 나갔으면 집에는 다윗 위로 지금 4명이 있는 겁니다. 14절입니다.

—— 다윗은 막내라 장성한 세 사람은 사울을 따랐고

여덟 아들 가운데 다윗이 막내이기 때문에 전쟁터에 나간 세 형님을 빼더라도 네 명의 형님은 지금 집에 같이 있는 겁니다. 15절입니다.

—— 다윗은 사울에게로 왕래하며

이게 무슨 말인고 하니 사울 왕이 가끔씩 악귀에 시달렸습니다. 그런데 어떤 사람이 말했습니다. "저 베들레헴에 다윗이라는 소년이 있는데 그 소년이 수금을 타면 얼마나 영험한지 모든 악귀가 물러간다고 합니다." 그래서 사울 왕이 그 소년을 불러오라고 했습니다. 다윗이 사울 왕 앞에서 수금을 타면서 노래를 했더니 진짜 사울 왕을 옥죄던 악귀가 물러갔습니다. 그런데 그 이후에도 종종 악귀가 괴롭히면 사울 왕이 오라는 겁니다. 사울에게로 왕래하던 이때 이미 다윗은 영적 자립인이었습니다. 영적으로 누구에게 예속된 사람이 아니라 영적으로 다른 사람의 영을

맑게 해줄 수 있는 자기만의 영혼을 지닌 사람이었습니다. 그러면 사울 왕에게 안 갈 때는 뭐 했습니까? 베들레헴에서 아버지의 양을 칠 때에 집에는 지금 다윗 말고 네 명의 형이 더 있습니다. 근데 다윗이 오면 다윗이 양을 쳐야 했습니다.

형들은 집에서 노는 겁니다. 사울 왕이 패역했기 때문에 하나님께서 선지자 사무엘을 보내어서 '너 이새의 집에 가서 그 아들 한 명에게 왕이 되는 기름 붓는 예식을 취하라' 할 그때에도 일곱 아들은 집에서 놀고 있었는데 막내아들 다윗이 혼자서 들판에서 양을 치고 있었습니다. 행위의 자립인이었습니다.

막내아들인데도, 형들은 지금 집에서 노는데도 아버지가 가서 양을 치라고 하니 양을 칩니다. 의식의 자립인 아니면 안 됩니다. 형은 놀아도 나는 하는 겁니다. 여러분, 형처럼 집에 있으면 양고기 구워서 좋은 식탁으로 매일 밥 먹습니다. 가서 양 치면 들고 간 큰 마른 빵 덩어리 찢어서 먹는 게 다입니다. 다윗은 주어진 여건에 자족하는 사람이었습니다. 완벽한 자립인입니다. 16절입니다.

—— 그 블레셋 사람이 사십 일을 조석으로 나와서 몸을 나타내었더라

골리앗 장군이 40일을 밤낮으로 나와서 이스라엘을 조롱하면서 하나님을 모독하는데 이스라엘 장군들은 다 숨어서 나타나

지 않습니다. 17절입니다.

—— **이새가 그의 아들 다윗에게 이르되 지금 네 형들을 위하여 이 볶은 곡식 한 에바와 이 떡 열 덩이를 가지고 진영으로 속히 가서 네 형들에게 주고**

당시는 사울 왕 초기여서 국가의 기틀이 잡히지 않았습니다. 그러니까 국가가 상비군을 편성하고 군량미를 비축했다가 전쟁이 나면 푸는 게 아니라 집집마다 아들들을 차출해서 전쟁을 하고 양식도 집에서 가져오게 한 겁니다. 근데 이 전쟁 날수가 자꾸 길어지니까 아버지가 지금 다윗에게 말합니다. "이 볶은 곡식 한 에바와 떡 열 덩이를 가지고 전쟁터에 있는 너희 형들한테 가서 줘라." 곡식 한 에바는 21리터입니다. 쌀 뜨는 되가 1.8리터입니다. 그러니까 되로 따지자면 열두 되입니다. 한 말 두 되입니다. 이 곡식 메고 가라는 겁니다. 그리고 떡 열 덩이가 있습니다. 지난 시간에 말씀드렸지만 그 사람들 빵은 덩어리가 큽니다. 이 빵 열 덩어리 메고 가서 형들한테 전하라고 합니다. 18절입니다.

—— **이 치즈 열 덩이를 가져다가 그들의 천부장에게 주고 네 형들의 안부를 살피고 증표를 가져오라**

치즈 열 덩이를 따로 주면서 '이건 그 전쟁터 지휘관인 천부
장들한테 나눠줘라. 그리고 그분들이 받았다는 증표 받아와라'
라고 한 겁니다. 19절입니다.

**―― 그 때에 사울과 그들과 이스라엘 모든 사람들은 엘라 골짜기에서
블레셋 사람들과 싸우는 중이더라**

지금 전쟁터는 엘라 골짜기입니다. 다윗은 베들레헴에 있습
니다. 지금 떡 열 덩이, 치즈 열 덩이, 볶은 곡식 한 말 두 되, 이
걸 메고 엘라 골짜기까지 가야 되는데 베들레헴에서 엘라 골짜
기까지는 20킬로미터가 넘습니다. 하루 종일 걸어갑니다. 여러
분, 다윗은 '아빠, 왜 나예요? 저 형들 보내세요' 그러지 않았습
니다. 아버지 말씀이 그때는 법입니다. '가겠습니다'라고 했습니
다. 왜입니까? 다윗의 마음에 형들이 있었기 때문입니다.

다윗은 이미 공생인입니다. 내가 좀 힘들더라도 전쟁터에서
형들이 이 음식을 먹고 전쟁을 잘 치러낼 수 있다면 가는 겁니
다. 여러분, 이때 다윗은 이미 완벽한 공생인, 자립인이었습니다.
하나님께서 그 다윗을 들어서 이스라엘 역사의 지평을 새롭게
했습니다.

여러분, 다윗 일평생에 제일 잘한 게 뭔지 아십니까? 골리앗
장군을 이긴 게 아닙니다. 이때 아버지의 명령에 순종해서 이 무

거운 것을 짊어지고 전쟁터로 간 겁니다. 이때 순종했기 때문에 전쟁터에 가서 하나님을 모독하는 골리앗을 보고 분노해서 여호와 하나님의 이름을 위해 맞서서 우리가 아는 다윗이 되었던 것입니다.

여러분, 우리의 자녀를 공생인과 자립인으로 키우는 것은 이렇게 중요합니다. 어제 수능시험일 아니었습니까. 아마 집집마다 희비가 엇갈릴 것 같습니다. 여러분, 거기에 연연해하지 마십시오. 여러분들 자녀들에게 실패할 권리를 주십시오. 실수할 수 있는 기회를 주십시오. 그보다 자립인이 되기에 더 좋은 과정은 없습니다. 세상 사람들은 스펙을 원하지만 하나님께서는 공생성과 자립성을 원하십니다. 하나님은 그들을 들어서 쓰시기 때문입니다.

여러분, 미래는 그냥 오지 않습니다. 제가 지금 강대상에 있는 손을 들어서 머리를 만졌다가 다시 내린다고 하십시다. 현재 강대상에 손이 있습니다. 제가 드는 순간에 강대상에 있던 제 손은 과거입니다. 현재 손은 제 얼굴 높이에 있습니다. 제가 머리를 잡으면 얼굴 높이의 손은 과거입니다. 제가 다시 책상을 잡으면 머리에 있던 손은 과거입니다.

여러분, 우리는 과거, 현재, 미래가 토막 난 것처럼 생각합니다. 아닙니다. 제가 손을 머리에 올렸다 내렸다 하는 순간에 과거, 현재, 미래가 계속 엇갈려서 한 데 어우러지듯이 붙어 있습니다. 새로운 미래가 여러분들에게 오게 하려면 지금부터 뭔가를 해야 합니다. 구태의연하게 살면서 내 자식이 새로워질 것이라고 생각한다면 절대로 새로워지지 않습니다. 학교 공부로 새로워지지 않습니다.

같이 밥 먹으면서 그 아이들에게 여러분의 신앙으로 자립성과 공생성을 길러주십시오. 그러면 미래는 지금 여러분의 식탁에서부터 시작됩니다. 기도하겠습니다.

하나님 아버지, 어린이집에서 아이들을 돌보는 선생님들도 자격증이 있어야 합니다. 그런데 주님, 우리는 아무런 자격증도 없이 부모가 되었습니다. 우리의 부족함은 생각하지도 않고 우리의 생각대로 자식을 구겨 넣으려고 했습니다. 주님, 주님께서는 온전한 원석을 우리에게 주셨는데 우리가 잘못 세팅해 온 것 용서해 주시기를 간구합니다. 지금부터 세상의 스펙이 아니라 하나님의 말씀으로 우리 자식들에게 자립성과 공생성을 길러주는 부모가 되게 해주십시오. 어린 시절부터 자립성과 공생성을 지녔던 다윗을 통해 이스라엘 역사의 지평을 새롭게 하셨던 것처럼, 공생성과 자립성을 지니는 우리 자녀를 통해 대한민국 미래의 역사를 새롭게 해주시기를 간구합니다. 그 시간이 이제 우리 가정 식탁에서부터 시작되게 하여 주시옵소서. 예수님 이름으로 기도드립니다. 아멘.

말씀, 그리고 사색과 결단 3
교회, 전통, 자녀교육에 대하여
Words, Contemplation and Decision Ⅲ

지은이 이재철
펴낸곳 주식회사 홍성사
펴낸이 정애주
국효숙 김의연 김준표 박혜란 손상범
송민규 오민택 임영주 차길환

2023. 8. 11. 초판 1쇄 인쇄   2023. 8. 25. 초판 1쇄 발행

등록번호 제1-499호 1977. 8. 1.
주소 (04084) 서울시 마포구 양화진4길 3   전화 02) 333-5161   팩스 02) 333-5165
홈페이지 hongsungsa.com   이메일 hsbooks@hongsungsa.com
페이스북 facebook.com/hongsungsa
양화진책방 02) 333-5161

ISBN 978-89-365-0388-8 (04230)
ISBN 978-89-365-0559-2 (세트)